KB125397

Butterfly

버터플라이

Butterfly

버 터 플 라 이

황성원 作

2030 부자와

성공한 사람이 되는 법

목차

PART 4

부자들의
성공 무기

PART 5

목표 도달 전
주의할 점

프롤로그

2019년 말부터 시작되어 2021년 말까지 엄청난 경제 변화를 겪으며, 대부분 사람이 '영끌'이라는 단어로 재테크 광풍을 경험하고 있다. 주식, 부동산, 비트코인 등등 사람들은 저마다 제대로 알지도 못하는 것들에 많은 돈을 벌 수 있을 것처럼 올인 All-in 하고 있다. 코로나19라는 전대미문의 바이러스가 전 세계를 휩쓸며 아직 치료제 개발도 확실시되지 않은 현재, 우리나라뿐만 아닌 세계는 부동산 주식 비트코인으로 많은 사람이 격앙되어 있는 것이다. 이후 앞으로 '영끌'한 사람들은 어떻게 될까? 거의 확실시되는 것은 2022년 미국 정부의 금융 정책을 결정하는 최고 의사 결정 기관인 FED 미국 연방 준비 제도 이사회 에서는 금리 인상을 예고했다는 것 그리고 우리나라는 미국 FED의 영향을 받아 이미 금리를 인상하고 있다는 것이다. '영끌'해서 무리하게 대출을 받아 재테크를 했던 사람들, 특히 20~30대처럼 사회생활 경력이 짧아 모아놓은 돈이 적거나 월 급여 또는 월 순수익이 적은 청년층들의 사회 문제가 겹치며 서서히 경제 뉴스에서 불안한 소식들이 이어지는 실정이다. 이런 한 치 앞을 볼 수 없는 상황에 20~30대 청년들은 과연 어떻게 앞으로의 시나리오를 만들어 나가야 할까? 왜 수많은 청년층은 잘 알지도 못하는 재테크에 '영끌'하게 되었던 것인가? 자본주의 사회에서 자신들의 자본으로 '투자'를 함으로써 이익을 발생시키는 행위는 지극히 당연하며 바람직하다. 하지만 주변 사람들이 모두 하니까 그리고 아무것도 하지 않으면 뒤처질 것 같은 불안감에 앞뒤 가리지 않고 우선 "고고!!"를 외치며 잘되기만을 바라고 희망찬 보랏빛 앞날만을 기도하며 기다리는 것이 과연 바람직하다고만 볼 수는 없을 것 같다. 재테크를 하는 것도 어떠한 과정과 방식이라는 것이 존재한다. 부동산, 주식, 비트코인 이런 투자 자산을 굴리기 위해서 기본적인 기초 지식을 공부하고, 꾸준히 자기자본을 투자해 보며 실전 경험을 하고, 투기가 아닌 투자자가 되어 가야 한다. 내 주변에 있는 많은 청년층이 투자가 아닌 '투기'를 할 때, 나는 조용히 '나만의 길'을 걸어가는 것이 중요하다는 것을 최근 들어 더더욱 많이 느낀다.

인터넷 강국인 우리나라는 거의 모든 공간에서 와이파이를 사용할 수 있으며 '유튜브'를 볼 수 있는 환경을 갖추고 있다. 유튜브에는 양질의 정보가 넘쳐나며, 그것으로 지식과 정보를 얻는다. 하지만, 위에서 이야기했듯 재테크를 하는 것에 있어 어느 정도 순서와 방법들이 존재한다. 순서가 조금 어긋나는 것은 상관은 없지만 뒤죽박죽되어 버린다면 원래대로 되돌릴 수 없다. 피와 땀의 결실인 소중한 나의 자본과 시간이 소모되어 결국 좋은 결과를 얻기 힘들어진다. 나는 내 주변의 청년들에게 절대 '변화되지 않을 진리'의 방법으로, 원한다면 누구나 부자가 되어 성공한 사람이 될 수 있도록 멘토이자 코치가 되어 알려 주고자 한다. 누군가는 이 책을 통해 새로운 삶으로 나아갈 것이고, 또 다른 누군가는 지금과 같은 현실을 통탄하며 안주하는 삶을 살아갈 것이다. 방향을 알려 주어도 반대로 가는 사람들이 있다. 그것은 모두 본인의 판단과 결정일 것이기에 부디 올바른 결정으로 모두가 부자와 성공한 사람이 되었으면 좋겠다.

문득 이런 생각을 하는 사람들도 있을 것이다. '모두가 부자가 되고 성공한 사람이 된다면, 그것은 다시 평균으로 수렴되지 않을까?' 맞는 말이다.

모든 사람이 부자가 되고 성공한 사람이 된다면 모두가 평균적인 사람들이 되어 버릴 것이다. 하지만 걱정할 필요가 없다. 왜냐하면, 어차피 모든 사람이 부자와 성공한 사람이 되지는 못할 테니까 말이다. 정확히 말하자면, 누군가는 아예 시작조차 하지 않을 것이고, 누군가는 중간에 포기할 것이며, 누군가는 "현재의 삶에 만족한다."라는 말로 본인을 속이기 때문이다. 업종에 따라 다르겠지만, 우리나라의 자영업자들이 창업하고 난 뒤 1년 안에 폐업하는 비율은 40%에 가깝다. 많은 시간과 자본을 투여하고 노력도 했지만 결국 자본주의 시장에서 살아남는 사람은 열 명 중에서 여섯 명이라는 것이다. 기간에 따라 점차 폐업률은 높아진다. 다만 이분들은 도전했다는 경험이 남아 있을 테니 시작조차 하지 않는 사람보다 훨씬 나은 사람들이다. 하지만, 자영업을 하기 전 올바르지 못한 순서로 창업을 하다 보니 맛집으로 성공하여 흔히 대박을 친 사람보다 실패하는 사람들의 비율이 훨씬 많은 것이다.

비유가 적당하지 못했지만, 이 글을 읽고 있는 여러분은 모두가 부자가 되고 성공하여 소중한 시간과 여러분의 자본을 잃지 않아야 한다. 한 가지는 분명하게 말할 수 있다. 이 책을 제대로 읽고 실천했다면 부자와 성공한 사람이 되지 않을 리가 없다. 여러분에게 새로운 세상이 펼쳐질 것이며, 변하지 않는 '진리의 방법'을 알려 주도록 하겠다.

그리고 한 가지 더 지금도 많은 청년이 이미 이 방법을 하나하나 배우며 실천하고 있다는 것.

주식의 대가 워런 버핏의 투자 원칙

1. 절대 잃지 않는다.
2. 첫 번째 원칙을 지킨다.

여러분의 피와 땀이 녹아 있는 자본을 절대 잃지 않으며 그것보다 더욱 많은 부를 안겨줄 방법을 소개하니, 이제 새로운 세상으로의 여행을 가기 위한 첫발을 내디뎌 보자.

아! 나는 이것저것 중요하다며 여러분이 궁금해할 방법들을 이리 저리에 열거하려 하지 않는다. 그냥 방법을 먼저 알려 주는 사람이 되고 싶다. 그래서 맨 앞에 로드맵에 해당하는 사항들을 먼저 열거해 두었다. 그리고 난 뒤, 여러분은 "이런 걸 어떻게 해!!! 결국, 나는 못 할 거야." 이런 생각을 가질 수 있으니 로드맵에서 제시한 것들을 이루기 위한 방법들을 뒤에 소개하도록 하겠다. 그리고 마지막에는 현재 코치도 실천 중인 재테크 방법들을 안내할 테니 여러분도 한번 실천해 보길 바란다.

PART 1

부자의
성공
로드맵

Freedom is not free
대가 없는 자유는 없다

부자와 성공한 사람이 되기 위한 '진리'는 언제 어떤 상황에서도 항상 맞아야 한다. 그리고 변화하면 안 되며, 누구에게나 맞는 방법이어야 한다. 경우의 수 따위는 존재하지 않는다. 코치가 전해 주는 것들을 모두 실천하고 이룬다면, 누구나 항상 부자와 성공한 사람이 되어야 한다. 이것이 코치가 생각하는 부자 성공 로드맵이다.

많은 사람이 지금 당장 부자가 되기 위해 주식, 부동산, 비트코인을 한다. 재테크를 이제 막 시작한 여러분에게 만약 1억 원이라는 돈이 있다면 과연 1억 원어치 재테크를 할 수 있을까? 코치가 생각했을 때 거의 불가능하다. 현실 가능한 액수로 다시 질문하겠다. 1년간 열심히 모은 천만 원의 종잣돈으로 투자를 한다고 가정해 보자. 앞뒤 가리지 않고, 주식이든 부동산이든 비트코인이든 여러분이 선호하는 곳에 투자했다고 가정하면 아마 수시로 시세를 확인할 것이다. 왜냐하면, 여러분에게는 확신이 없기 때문이다. 그냥 주변에서 좋다고 하니까 따라서 투자한 결과다. 설사 여러분이 일주일간 열심히 분석해서 매수했다고 한들 결과는 똑같다. 하루에도 열 번은 더 시세를 확인할 것이다. 잃을까 봐 두려우니까. 이렇게 두려운 것을 지금 당장 왜 해야 하는지 도통 알 수가 없다. 긍정적으로 한 달 만에 행운이 찾아와 천만 원이 세 배가 되어 3천만 원이 된다고 한들, 여러분의 인생은 달라지지 않는다. 오히려 안일하게 그 돈을 무엇이라도 사는 데 쓰고 싶은 욕구가 찰 것이며, 쉽게 얻은 3천만 원이라는 돈을 항상 머릿속에 가득 담아 놓고 투자가 아닌 투기를 하려는 마음만 남을 것이다. 그리고 한 달 만에 300%의 수익이 나는 것은 거의 있을 수 없는 일이다.

코치가 생각하는 재테크 즉, 투자를 할 때는 걱정이 없어야 하고 잃지도 않아야 한다. 그리고 수시로 시세를 확인하지 않아도 전혀 신경 쓰이지 않아야 한다. 왜냐하면, 코치의 투자는 투기가 아니기 때문이다. 자, 이제부터 부자 성공 로드맵을 천천히 나열해 보도록 하겠다.

01
몸값을 올려라

　현재 여러분의 연봉은 얼마인가? 우리는 대한민국 국민으로서 당연히 세금을 내야 한다. 여러분은 세전 연봉을 생각할 것인가, 세후 연봉을 생각할 것인가. 좋다. 편의상 세전 연봉으로 생각해 보길 바란다. 그렇다면 월급은 얼마인가? 직장인이라면 아마 따로 고민하지 않아도 금방 나의 연봉을 구할 수 있을 것이다. 그러나 만약, 아직 취업하기 전이라 아르바이트로 생활을 영위하여 수입이 일정치 않다면 연봉이나 월급을 정확히 계산하기 힘들 것이다. 다음 질문을 해야 하니 여기서도 편의상 모두가 직장인이고, 연봉과 월급을 알고 있다고 가정하겠다. 그렇다면, 여러분의 주급은 얼마이며, 일급은 얼마인가? 생각해 보거나 계산해 본 사람이 있다면 칭찬해 주고 싶다. 만약, 계산해 본 적이 없는 사람이 대부분일지라도 걱정하지 않아도 된다. 100명 중 99명은 분명 생각조차 해 보지 않았을 테니까. 지금 해 보면 된다.

　위에서도 말했듯이, 복잡해하지 말고 세전 금액으로 계산해도 된다. 만약 당신의 연봉이 3천만 원이라고 가정한다면, 세전으로 단순하게 계산했을 때 아래와 같다.

1년: 3,000만 원

1개월: 250만 원

1주일: 58만 3,333원

1일: 8만3,333원

결국, 여러분의 하루 임금은 8만3천 원 정도가 되는 것이다. 만약 하루에 8만3천 원을 넘게 사용한다면 여러분이 버는 하루 임금보다 많이 사용하는 것이므로 과소비를 한 것이며, 사치를 부린 것일 수도 있다는 것이다. 당연히 8만3천 원 안에는 의식주가 모두 포함되어야 하며 교통비까지 포함된 금액이고 사실 세금까지 제하고 나면 실제 여러분이 사용하게 되는 금액은 긍정적으로 생각해도 8만3,333원의 30% 정도일 것이다. 여기서 누군가는 30% 이상이 남을 것이고 다른 누군가는 30% 조차 남지 않을 것인데, 사람마다 상황이 다를 수 있다는 것을 고려하면 얼마가 남느냐의 이야기는 사실 중요하지 않다. 그저 여러분이 현재 받는 연봉에서 일급으로 계산해 보는 것이 중요한 사항이다. 그리고 여러분이 하루에 사용할 수 있는 금액을 직접 눈으로 확인해 보는 것이 코치가 말하고자 하는 것에 대한 핵심이라 할 수 있다.

여기서 한 발 나아가 나는 한 시간에 얼마를 버는 사람인지까지 파악한다면 더욱 정확히 본인의 상황을 파악할 수 있다. 8만3,333원으로 24시간을 나누면 시간당 3,472원이 나온다. 여기에서 위에서 언급한 30%로 계산한다면 대략 시간당 여러분이 사용 가능한 금액은 1,041원 약

천 원 정도이다. 직접 계산해 보니 허무하고 어이없으며, 짜증 나고 당혹스러울 것이다. 출근길 지옥철을 견디고, 회사 내에서의 많은 스트레스와 업무를 이겨 내며, 집에 돌아와서도 휴식 시간은 거의 없다시피 피터지게 생활하는데 고작 내 손에 남는 것은 천 원 남짓. 세상 불공평하고 앞날이 없을 것 같은 기분. 어쩔 수 없다. 현실을 부정과 회피로 감추지 말고 직시해 보자. 세상에서 가장 평등한 것은 바로 '시간'이다. 누구나 하루 24시간 같은 시간을 사용하고 그 시간을 활용하여 '돈'을 벌게 된다. 여러분의 연봉이 지금의 두 배가 된다면, 다시 여러분의 연봉이 열 배가 된다면 마음이 조금은 풀릴까? 여러분은 현실적으로 의식주를 해결하고 한 시간에 천 원은 저금할 수 있다. 하루 24시간이라면 2만4천 원이며, 한 달이면 72만 원을 저금할 수 있다고 생각하면 된다. 만약 연봉이 두 배가 된다면 약 150만 원을 저축할 수 있으며, 열 배가 된다면 한 달에 720만 원은 저금할 수 있다는 계산이 나온다. 단순하게 숫자로만 계산했을 때에도 720만 원이라는 여유 자금이 생기는 것이다. 행복한 상상. 만약 여러분의 연봉이 지금의 열 배가 된다면 무엇을 하고 싶을지 머릿속에서 충분히 행복한 상상을 해 보길 권한다. 행복하고, 자유로우며, 세상의 불평불만은 사라질 것이고, 누군가 금수저로 태어나 별 노력 없이 서울 소재의 아파트와 건물을 갖고 있다고 하더라도 크게 동요하지는 않을 것이다.

왜냐하면, 여러분이 만약 지금 연봉에 열 배를 갖게 된다면 분명 남부러울 것 없고 자존감 높은 사람이 될 테니까. 그래서 여러분은 자신들의 몸값을 높여야 한다. 왜 여러분은 지금의 연봉을 받게 된 것인가? 사람은 각자 다르다는 것을 모두가 알면서 급여는 호봉으로 또는 직급으로 나누어 판단하는 것일까? 결국, 여러분이 부자와 성공한 사람이 되려면 이것을 깨달아야 하고, 성장해 나가야 한다. 코치는 '나비'로 제자들을 비유하곤 한다. 청소년기를 '알', 이후의 성인들은 '애벌레 → 번데기 → 나비'의 순으로 비유한다. 나비가 되기 위해서는 알에서 부화부터 시작한다. 이 글을 읽고 있는 여러분은 행복한 사람들이다. 대부분은 부모님이 지켜 주며 알의 상태에서 2단계인 애벌레까지 되었으니 우선 4단계 변화 과정 중 제1단계는 넘어선 것이라 볼 수 있다. 제1단계를 넘기 전 수많은 고비가 있었을 것이다. 그 과정을 이겨 내고 넘어선 것도 여러분이 열심히 했기 때문이다. 하지만 제1단계에서는 여러분보다 부모님이나 주변 사람들의 도움이 더욱 컸다는 것을 인정하고 감사하는 마음을 갖는 것이 앞으로의 단계를 넘어가는 데 필수 요소가 될 것이다.

제2단계인 애벌레에서 누군가는 제3단계인 번데기가 될 것이고 누군가는 정체되고 멈춰 있으며 심지어는 잡아먹힐 것이다. 지금 현재 여러분은 번데기가 되기 위해 무엇이든 해야 한다. 번데기가 되기 위해서 몸값을 올려야 한다는 것이다. 몇 년 후 나비가 되어, 자유롭게 훨훨 날아다니며 화려하고 예쁜 꽃의 꿀만을 먹으며 행복한 나날을 보내기 위해 지금은 우선 번데기가 되어야 한다.

① 전문가가 되어라: 신뢰

어떠한 일에 있어서 '전문가'라는 것은 남들과는 특별한 재주나 재능이 있어야 한다. 노력으로 이루어낼 수 있으며, 태어났을 때부터 갖고 있을 수도 있다. 노력하든 재능을 갖고 태어나든 그것들을 활용해 전문가 수준까지 도달하는 것 또한 자신의 선택임을 알아야 한다. 전문가 대부분은 노력형일 것이고, 어떠한 것에 재능이 있다고 할지라도 그것을 전문가 수준으로 끌어올리는 것 또한 본인의 선택과 노력이 필요하다고 생각하면 된다. 결국, 전문가 영역까지 올라가는 것에는 '노력'이 필수요소이다. 모두가 평등하게 비전문가에서 전문가가 되기 위한 과정이 필요한 것이다. 여러분이 애벌레에서 번데기가 되는 과정이 바로 전문가가 되는 것이라고 할 수 있다. 여기서 중요한 것은 "나는 전문가야."라고 자칭하는 것보다 다른 사람들이 여러분을 전문가라고 인정해 주어야 한다. 그렇게 된다면 직장생활을 하는 사람이든, 자영업을 하는 사람이든 현재 연봉의 두 배까지는 벌 수 있게 된다. 직종에 따라서는 3배까지도 연봉이 올라갈 수도 있다. 여러분은 애벌레에서 번데기로 진화해야 한다. 딱 한 단계만 진화하더라도 여러분의 삶의 만족도는 엄청나게 변화하며, 행복함을 느끼게 될 것이고, 여러 가지 불평불만들은 눈 녹듯 사라지게 될 가능성이 크다.

그래서 여러분은 전문가가 되어야만 한다. 대부분은 "현재에서 전문가가 되기 위해서는 무엇을 해야 하나요?"라며 완벽한 정답만을 원한다.

하지만 코치는 개개인에게 맞는 완벽한 답은 줄 수 없다. 그러므로 방향과 길을 알려 줄 뿐이다. 본인의 상황과 일에 대해서는 본인이 가장 잘 알 것이므로 전문가가 되기 위해 무엇부터 해야 하는지는 본인이 찾아야 한다. 부자와 성공한 사람이 되는 로드맵은 모든 사람이 각자의 분야에서 또는 현재 상황에서 적용할 수 있게 큰 개념으로 만들어진 것이므로 한 명 한 명 정답을 알려 주기란 불가능하다. 하지만 로드맵을 모두 알려 준 뒤 이후에 개인들에게 적용할 수 있는 방법에 관해 설명할 것이므로 너무 안타까워하지는 않길 바란다.

② 나를 브랜드로 만들어라: 유명도

전문가가 되어 번데기가 되는 것에 성공한 애벌레인 여러분은 이후 나비가 되기 위해 한 번 더 진화해야 한다. 번데기만 되어도 행복한 것은 알고 있다. 하지만 자유롭게 훨훨 날아다니지는 못할 것이다. 무엇인가의 불안감은 늘 느끼고 있을 것이고, 본인이 원하는 모든 것을 하지는 못할 것이다. 그저 번데기로서 본인의 자리에 고정되어 있을 것이다. 하루빨리 자유로운 나비가 되어야 한다.

4단계인 나비가 된다는 것은 전문가 중에서도 전문가인 그 분야의 최고 전문가 즉, 브랜드 그 자체가 되어야 한다. 핸드폰 하면 떠오르는 이름 스티브 잡스, 컴퓨터 하면 떠오르는 이름 마이크로소프트의 빌 게이츠. 너무 엄청난 거물들을 말했지만 사실 브랜드가 되라는 말은 종사하는 분야에서 1등이 되라는 것이 아니다. 다만 100명 중 5등 안에만 들면 된다. 나비가 되는 단계에서는 꼭 1등이 될 필요는 없다. 하지만 5등 안에 들기 위해서는 1등이 되고자 계속해서 노력해야 할 것이다. 만약 여러분이 전문가를 넘어 브랜드가 된다면, 여러분은 애벌레에서 번데기 그리고 나비가 되기 위해 해 왔던 각 단계에서의 피나는 노력을 이제부터 조금은 덜해도 된다. 왜냐하면, 이제 여러분은 훨훨 날아다니며 자유로운 삶을 살게 될 것이고, 눈앞에 꽃들이 펼쳐진 삶을 살 테니 말이다. 이제 눈앞에 있는 꽃 중 가장 예쁘면서도 맛있는 꿀을 품은 것을 선택하면 될 것이고, 꿀을 배불이 먹었다면 쉬고 싶은 곳에서 쉴 수 있는 여유로움까지 얻게 될 것이다.

여러분이 애벌레 시절 연봉 3천만 원을 받던 사람이었다면 브랜드화 化가 된 후에는 적어도 애벌레 연봉의 네 배에서 일곱 배 수준은 될 것이다. 충분히 여유 있고 돈에 대해 너그러워질 것이며, 주변을 살펴볼 수 있는 시야까지 갖게 될 것이다. 그리고 여러분이 평소에 꿈꾸었던 물건들은 대부분 소유할 수 있는 사람이 될 것이다. 그리고 무엇보다 원하면 무엇이든 할 수 있는 풍족함에 '인생은 행복한 것'이라고 말할 것이다. 그것이 바로 나비가 되었다 혹은 브랜드화가 되었다고 표현할 수 있다.

여기서 코치가 생각하는 브랜드화가 되었다는 것은 종사하는 분야에서 대표 격인, 누구나 인정하는 전문가 중의 전문가라 할 수 있다. 핸드폰을 예로 들자면 핸드폰이라는 것은 아무나 만들어 낼 수 없다. 하지만 세계 여러 나라에는 대표적인 브랜드가 있다. 미국의 애플, 대한민국의 삼성, 중국의 샤오미 등등. 아무나 만들 수는 없지만, 세계 여러 나라에서는 각자 고유의 브랜드로 전 세계 사람들에게 판매되고 있다. 이렇게 전문가 수준에서 여러분 스스로가 사람들에게 하나의 브랜드로서 인식되게 하라는 것이다. 이미 나비가 되어 브랜드화가 되었다면 충분히 만족할 것이다.

하지만, '나비'가 되었다고 안심하긴 이르다. 부자와 성공한 사람이라는 것은 주변 사람뿐만 아니라 여러분이 모르는 사람들까지도 영향력을 펼칠 수 있는 사람이며, 누구나 인정하는 사람이 되어야 한다. 바로, 여러분이 이루어야 하고 최종 목표로 삼아야 하는 단계인 제5단계 '호랑나비'가 되어야 한다.

③ 가치 있는 사람: 모두가 찾는 사람이 되어라

제4단계 나비가 된 여러분을 상상해 보면, 참으로 행복하고 더할 나위 없겠지만 아직 부족하다. 여러분은 마지막 단계인 제5단계 호랑나비로 불려야 한다. 고로 부자와 성공한 사람들은 누구 하나 빠지지 않고, 본인의 분야에서 분명히 호랑나비일 것이다. 제4단계까지 도달한다면 사람들은 여러분을 보며 "우와, 나비다."라고 할 것이다. 하지만 여러분이 어떤 나비인지 종류도 알지 못하며 그저 나비라는 것만을 인식할 것이다.

사람들은 나비의 종류가 얼마나 많은지 알지 못하며, 알려고 하지도 않는다.

　다만, 호랑나비는 다르다. 나비의 종류 중 사람들에게 가장 많이 그리고 널리 알려졌으며, 나비 하면 떠오르는 것 또한 대표적으로 호랑나비이다. 그래서 여러분은 나비 단계를 넘어 호랑나비가 되기 위해 좀 더 성숙한 노력이 필요한 것이다. 제5단계인 호랑나비가 된다면, 여러분은 이제 모든 사람에게 부자와 성공한 사람이라는 말을 듣게 될 것이며, 여러분이 원한다면 돈으로 살 수 있는 모든 것을 살 수 있는 능력이 될 것이다. 이 단계에서는 애벌레 단계보다 적게는 열 배, 많게는 스무 배가 넘는 수준의 연봉을 얻게 될 것이며, 여러분이 이후 어떻게 하는가에 따라 더욱 많은 수준의 연봉을 벌 수 있게 될 것이다. 그렇다면 제5단계인 호랑나비는 어떤 사람인가? 순서대로 여태껏 지나온 단계를 먼저 살펴보면 아래와 같다.

　애벌레= 현재

　번데기= 전문가

　나비= 브랜드화

　제4단계까지의 도달은 여러분의 직업에서 브랜드화까지 되며, 당신의 분야에서는 모르는 사람이 없을 정도의 사람이 되어 당신이 거의 최고라고 생각할 만큼 수준이 올라갔을 것이다. 코치는 지금까지 여러분에게 최종적으로 도달해야 하는 경지는 바로 제5단계인 호랑나비라고 설명했다. 그렇다면 호랑나비는 어떤 사람인가?

여러분의 직업과 관련 없는 그 누구라 하더라도 당신을 인정하고, 인정할 수밖에 없는 사람이다. 그리고 여러분은 사람들에게 선망의 대상으로서 지금의 코치처럼 누군가에게 새로운 희망과 방향을 제시해 줄 수 있는 사람이 바로 5단계인 호랑나비다. 부자와 성공한 사람이라고 불려도 사람들의 시샘이나 의심, 편견 등 부정적인 것들로부터 배제된, 가치 있는 사람이 되는 것. 이것이 바로 제5단계 여러분이 도달해야 하는 목표 지점인 호랑나비이다.

여러분이 만약 비교적 젊은 나이에 호랑나비가 된다면 장기적으로는 행복하지 못할 수도 있다. 외로울 것이기 때문이다. 코치가 여러분에게 바라는 것은 좀 더 많은 사람을 행복한 삶으로 바꿔 주는 것이다. 혼자만 호랑나비가 되어 특별한 존재가 되는 것이 아니라, 많은 애벌레를 호랑나비가 될 수 있도록 인도하여 주변의 친구와 동료들을 만들어 나가는 것이 코치가 바라는 것이며, 여러분이 인생의 아름다움을 만끽할 방법이다.

02
자기관리, 매력을 키워라

코치가 생각하는 자기관리란, 다른 사람들에게 매력적으로 보이는 것을 의미한다. 애벌레 단계에서 여러분이 가장 쉽고 빠르게 할 수 있는 것은 매력적인 사람이 되는 것이다. 다른 이에게 선택이 되었을 때 본인 분야에서 익힌 뛰어난 기술을 보여 줄 수 있다. 애벌레에서 번데기가 되었다면 일부 사람들에게 이미 증명된 사람일 테니 굳이 매력을 어필할 필요가 없다. 하지만 사람들은 여러분이 전문가인지 아닌지 잘 알지 못한다. 그리고 실제로 겉모습만 보고서는 알 수가 없다. 그렇다면 여러분은 스스로 선택을 받을 수 있게 변해야 한다. 바로 선택되어야 한다는 것이다.

자기관리 즉, '매력'을 어필하기 위해서는 외·내형적인 변화가 필요하다. 외형적으로 사람들에게 신뢰감이 생길 수 있도록 꾸며야 하며, 내형적으로는 사람들과 원활한 의사소통을 하며 공감하는 능력이 필요하다. 뛰어난 전문가가 되기 위한 필수 과정 중 하나는 경험치이다. 그 경험치는 단순히 생기는 것이 아니다. 가만히 있다고 얻어지는 것이 아니라는 것이다. 경험치를 쌓기 위해서는 선택받아야 한다. 만약 A라는 사람과 B라는 사람이 있다고 가정하자. A는 깔끔하고 당신의 말에 진심으로 답한다. 그리고 B라는 사람은 어느 동네에나 있을 법한 아저씨나 아줌마 같으며, 나와 말이 통하지 않는 것 같다. 당신은 당연히 A에게 호감을 느끼게 될 것이고, 무슨 일이든 A와 함께 하고자 할 것이다.

애벌레 단계에서의 자기관리는 즉, 다른 사람에게 매력을 어필하는 것으로 많은 기회를 얻을 수 있도록 하는 것임을 뜻한다. 지금 당장 몸무게를 정상 체중으로 만들려고 노력하고, 운동을 통해 근육을 만들며, 내적으로 지식을 쌓을 무언가를 해야 한다. 그렇지 못하다면 여러분은 선택되지 못할 것이고, 번데기로의 진화는 더욱 늦어질 수밖에 없다.

03
월급의 10%는 '경험'에 투자하라

위에서 1단계-2단계-3단계로 본인의 직업에서 최고의 가치 있는 사람 즉, 전문가가 되라고 했다. 결국, 무슨 일이 일어나도 변하지 않는 것으로서 만약 세계경제공황이 찾아온다고 할지라도 3단계 전문가 경지에 있다면 최소한 의식주를 걱정할 필요는 없을 것이다. 경제 공황 속에서도 당신은 사람들에게 분명 필요한 존재로서 선택받는 사람이 되었을 테니 말이다.

그러기 위해 지금 당장 애벌레인 현재부터 본인의 월급의 최소 10%는 경험에 투자해야 한다. 주식 강의도 좋고, 부동산 강의도 좋다. 혹은 여러분의 취미를 개발하는 것도 좋다. 책을 사도 좋고, 여행을 가도 좋다. 매달 여러분의 경험치를 넓혀 나가야 한다. 그래야만 번데기로 진화할 수 있다. 확신하건대, 혹여 이러한 과정 없이 단순히 운이 좋아서 번데기가 되었다면 결코 나비로는 진화할 수 없을 것이다. 보통 번데기와는 쌓인 경험치가 다르기 때문이다.

부자와 자수성가한 사람 중 이 과정을 그냥 지나친 사람은 없다. 분명한 것은 부자와 자수성가한 사람들은 자의든 타의든 많은 경험과 시행착오를 거쳤고, 그것을 양분으로 삼아 진화하고 성장했다. 처음부터 많은 것을 하려 하지 말고, 당장 할 수 있는 것부터 해 보는 것을 추천한다. 그리고 그것에서 새로운 성공과 실패를 경험하고 쌓아 나가야 한다. 경험이 많은 사람과 경험이 적은 사람은 분명 지금 당장은 아닐지라도 추후 조금씩 경험치의 차이를 실감할 수밖에 없다. 그리고 그것을 실감한 순간부터 단기간에 빠르게 메울 수도 없다. 그 경험의 차이가 한발 더 나아갈 힘 혹은 곤경에 처했을 때 뚫고 앞으로 나아갈 수 있는 발판이 된다.

04
월급의 30%는 시드머니로 만든다

우리가 결국 이루어야 하는 것은 부자와 성공한 사람이 되는 것이다. 부자가 되기 위해서는 적은 돈부터 차근차근 모아 나가야 한다. 현재 가진 적은 돈으로 무엇을 하던 인생은 변하지 않는다. 잃지 않기 위해 발버둥 칠뿐이다.

'스노우볼 효과'라는 것이 있다. 작은 눈덩이를 굴리고 굴리다 보면 점차 큰 눈덩이로 변하듯이 우선은 작은 눈 뭉치를 만드는 것이 중요하다. 그리고 작은 눈 뭉치는 결코 절대로 잃지 않아야 한다. 그러므로 적은 돈으로 무엇을 할지 고민하지 말고, 그냥 통장에 넣어 두고 모아 나가라. 내가 생각하는 눈 뭉치는 1억 원이다. 1억이라는 금액은 누군가에는 큰 돈일 수도 또, 누군가에게는 적은 돈일 수도 있다. 여러분의 연봉이 3천만 원이라면 아무것도 소비하지 않은 채 3년 이상을 모아야 하는 금액이다. 3년이든 5년이든 혹은 그 이상이든 다른 것은 생각하지 말고 묵묵히 작은 눈 뭉치를 만들기 위해 쌓아 나가야 한다. 위에서 언급한 적이 있다. 적은 돈으로 투자해서 아무리 두 배, 세 배가 된다 한들 여러분의 인생은 달라지지 않는다. 하지만 1억 원이란 숫자는 다르다. 1억이 2억이 되고 3억이 된다면, 최소한 여러분은 자산가로서 그럴싸한 무언가를 할수 있게 된다. 그리고 그것들이 모여 더욱 큰 눈덩이로 변하게 된다.

최소한 월급의 30%는 저금을 해라. 현재의 급여가 3,000만 원이며 대략 한 달에 90만 원을 저금한다고 가정하면 1년이면 1,080만 원이 된다. 일 년에 1,100만 원 정도를 모아 언제 1억이 되냐는 사람도 분명 있을 것이다. 하지만 여러분은 중간에 보너스도 받을 것이고, 승진도 하게 될 것이다. 승진했다고 해서 소비를 늘리는 것은 정말 바보 같은 생각이다. 승진해서 연봉이 3,000만 원에서 3,600만 원이 된다면 일 년에 600만 원을 더 저금해야 할 것이고, 보너스를 받는다면 이 또한 저금해야 할 것이다. 앞으로 나아가기 위해서는 단계마다 주어진 과제를 빠르게 해결하는 것이 중요하다. 그러다 보면 인생의 '자유'를 얻는 시기 또한 앞당겨질 것이다.

정리하자면, '자유'라는 눈 뭉치를 만들기 위해 최소한 현재 월급의 30%는 저금을 해야 한다는 것이다. 누군가는 힘들다고 할 것이며, 불가능하다고 할 것이다. 하지만 다른 누군가는 잠을 줄여 부업을 하고, 먹고 싶은 것과 사고 싶은 것을 참아 가며 더욱 빠르게 눈 뭉치를 크게 굴릴 것이다. 코치는 방법과 방향을 제시할 뿐, 앞으로 나아가는 것은 여러분 본인의 몫이라는 것을 알아 두길 바란다.

05
월급의 10%는 미래를 대비한다

본인의 급여 중 10%는 '경험'에 투자하고, 급여의 30%로는 '눈 뭉치'를 만들며, 급여의 10%는 '미래'를 대비한다. 인생을 살다 보면 많은 변수를 마주할 수밖에 없다. 그리고 그 변수에 대비하는 사람만이 평정심을 유지하며 흔들림 없는 일상을 준비할 수 있다. 그것에 대비하기 위한 것. 코치는 여러분이 30년 뒤에 많은 사람에게 인정받는 부자와 성공한 사람이 되리라 생각한다. 하지만 여러분의 인생에 있어 안전장치를 만들어 둔다면 심리적으로 항상 평안할 것이고, 또한 장기적으로 보았을 때 가장 고정적이면서도 안정적인 부를 가져다줄 것이다. 그렇기에 월급의 10%는 미래를 대비하라고 하는 것이다. '비상금'을 떠올리는 사람들이 분명 있을 것이다. 코치는 이번 장에서 비상금은 이야기하지 않을 것이며 그것보다 더욱 중요한 개인연금에 대해 이야기할 것이다.

개인연금의 종류나 가입하는 방법 등을 이야기하지는 않을 것이다. 대신 개인연금의 가장 큰 특징에 관해 이야기해 보자.

① 개인연금은 55세 이전에 찾을 수 없다.

55세 이전에 상품을 해지한다면 커다란 손실을 보기 때문에 주의하자.

② 매년 400만 원까지 약 16.5%의 무조건적인 금전 이익을 안겨준다.

총급여가 5,500만 원 이하라면 16.5%, 초과하면 13.2% 세액공제를 받을 수 있다.

③ 반강제적인 적립식 투자로 결국엔 엄청난 수준의 '복리 마법'을 얻게 된다.

우선 여러분의 총급여를 5,500만 원 이하라고 가정하겠다. 2~30대의 총급여는 대부분 이 구간에 속할 것이다. 개인연금은 최대 400만 원까지 16.5% 그리고 퇴직연금까지 합산하면 300만 원까지 최대 700만 원의 세제 혜택을 얻을 수 있게 된다. 700만 원의 16.5%인 약 115만 원 정도의 세제 혜택을 받는 것이다. 또한, 주식이나 펀드 같은 실현 수익에 붙는 소득세는 15.4%인 데 반해, 개인연금과 퇴직연금 같은 연금소득세는 3.3~5.5%로 세율이 비교적 낮다. 개인연금과 퇴직연금은 한번 넣으면 최소 55세까지는 찾을 수 없다는 단점이 있기는 하지만 손해 보며 해지하는 것을 제외 잘만 활용한다면 복리의 마법을 누릴 수 있다.

천재 아인슈타인은 복리를 세계 8대 불가사의라고 했다. 복리란, 일정 기간마다 이자를 원금에 합산하고, 이것을 새로운 원금으로 계산하는 방법이다. 쉽게 이야기하자면 이자에 이자가 붙는다는 뜻이며, 복리의 비교 대상으로 단리는 원금에 대하여서만 붙이는 이자를 뜻한다. 최종적으로 매년 400만 원의 개인연금을 넣고, 평균 10%의 복리로 20년간 굴릴 수 있다면 2억 5천만 원이 넘는 금액으로 노후를 걱정 없이 보낼 수 있다.

물론, 불가능할 수도 있다. 매년 10%의 수익이 나지 않을 수 있지만, 최소한 위에 제시한 금액의 절반인 1억 2천 정도의 금액이라 할지라도 충분히 노후를 준비하는 데 큰 도움이 될 것이 분명하다. 그 누구도 미래를 정확하게 예측할 수 없다. 그렇기에 심리적 안정과 자기를 위한 안전망을 구축해 둔다면 언제 무슨 일이 일어난다고 하더라도 최소한의 생활은 가능할 것이므로 개인연금의 필요성과 중요성을 인지했으면 좋겠다.

단, 여러분이 제2단계인 전문가가 되기 전까지는 세제 혜택만을 목표로 하는 것이 좋다. 자금을 어딘가에 투자하는 것은 충분한 공부가 될 때까지 잠시 보류했으면 한다. 이후 뒤에서 개인연금과 퇴직연금에 대해 좀 더 알아보겠다.

06
반년 정도 버틸 비상금을 항상 유지하라

　결혼하고 자녀가 있는 부모라면 이번 코로나19 사태로 이 부분의 중요성을 절실히 느꼈을 것이다. 본인의 가족 혹은 주변 가족 중에 분명히 하루하루 버텨 가며, 한도 끝까지 대출을 받아 가며 힘겨운 시간을 보내는 사람들이 존재할 것이다. 이 글을 읽고 있는 누군가는 본인이 처했던 상황이었을 수도 있다. 있어서는 안 될 일이지만 사건, 사고, 전쟁, 기후변화, 바이러스 등등 수많은 나쁜 일들이 언제 일어날지 모른다. 그리고 그런 나쁜 일들은 갑작스럽게 찾아온다. 내일 당장 회사가 부도 날 수도 혹은 회사에서 퇴직할 수도 있는 일이다. 당장 다음 달부터 월급이 없다고 생각해 보자. 살면서 기본이 되는 의식주를 해결하지 못하면 지금의 삶을 벗어나 인생의 바닥까지 떨어질 수도 있다. 그리고 사람마다 그 바닥의 깊이는 알 수 없을 정도로 깊을 수도 있다.

　결국, 이런 일들에서 벗어나기 위해 우리는 비상금을 축적할 필요가 있다. 사람마다 비상금의 크기가 다를 수 있어서 얼마를 기준으로 잡고 모아 두어야 할지 감이 안 올 수도 있다. 만약 비상금을 모으기로 다짐했다면, 한 달을 평소와 같은 수준으로 생활해도 불편함을 느끼지 않을 정도의 금액을 설정하고, 계획한 금액을 그대로 6개월분만큼 쌓아 놓으면 된다. 이런 비상금은 당장 현금화할 수 없는 재테크나 적금으로 묶어 두는 것이 아닌, 언제 어디서나 출금할 수 있는 입출금 통장에 넣어 두어야 한다. 돈은 묵혀 두면 가치가 떨어진다느니, 돈은 돈으로써 굴려야 한다느니, 이 돈으로 어떤 것을 잠시 한다느니 이런 말들은 모두 무시해라. 전쟁에 나가는데 여러분은 총 한 자루만 들고 나갈 것인가? 예비용 칼도 챙기고, 물도 챙길 것이며 혹시나 모를 일에 대비하기 위해 비상식량도 챙겨 나갈 것이다. 6개월 치의 비상금은 여러분에게 비상식량과도 같다. 없어도 당장은 문제없지만, 혹시나 모를 비상시의 위급 상황에 대처하기 위한 식량, 그것이 6개월 치의 비상금이다.

여기서 또 한 가지 질문이 있을 것 같다. 왜 6개월인가? 한 달, 두 달 혹은 3개월 정도면 새롭게 출발할 수 있지 않을까? 맞는 말이다. 대부분은 3개월 정도의 시간이면 위기에서 벗어날 수 있다. 그렇지만 비상금을 3개월 동안 활용한 뒤, 비상금이 0원이 된 상태에서 또다시 어떠한 문제가 생긴다면? 혹은 여러분이 3개월 안에 해결하지 못할 위기에 처해 있다면? 조금은 억지일 수도 있다. 하지만 미래는 아무도 모르는 것이다. 미리 준비해서 나쁠 것은 하나도 없다. 오히려 심리적으로 안정감을 얻게 되어 좋다고 생각한다. 실제로 코치도 항상 6개월 치의 비상금을 확보해 둔다. 언제 사용하게 될지 모르지만 혹은 사용하지 못하게 되더라도 상관없다. 나에게 6개월 치의 비상금은 혹여 무슨 일이 일어나더라도 굶주린 배를 다시 든든하게 만들어 힘을 내고 일어날 수 있는 비상식량이 될 것이다.

07

1~6번을 유지하며 ETF 또는
지수 추종 주식을 산다

여태껏 이야기했던 것들을 상기해 볼 필요가 있다.

① 몸값을 올려라.

② 자기관리, 매력을 키워라.

③ 월급의 10%는 '경험'에 투자하라.

④ 월급의 30%는 시드머니를 만든다.

⑤ 월급의 10%는 미래를 대비한다.

⑥ 반년 정도 버틸 비상금을 항상 유지하라.

이번에 이야기할 단계에서는 드디어 여러분이 제3단계인 번데기로 진화했다는 가정하에 이야기한다. 번데기로 진화한 여러분의 급여는 두세 배가량 올랐을 것이다. 한 달에 월급으로 250만 원을 받다가 600만 원을 받게 되었다고 가정하자. 번데기까지 진화하는 데 적어도 2~3년이라는 시간이 흘렀을 것이고 그동안 많은 일이 일어났을 것이다. 많은 경험을 하였을 것이고, 결혼했을 수도, 자녀가 생겼을 수도, 자동차를 샀을 수도 혹은 프리랜서가 되기로 마음을 먹거나 사업을 시작했을 수도 있다. 번데기가 되어 애벌레 시절보다는 좀 더 풍족해졌을 것이다. 여기서 여러분이 한 번 더 참고 견뎌야 할 시기이다. 애벌레 시절의 소비 이상을 하면 안 된다. 이것이 이번 장에서의 핵심이다. 전문가가 되어 높은 수입을 올리더라도 부양해야 할 가족이 생기지 않은 이상 혹은 생기게 되었다 하더라도 애벌레 시절의 소비 이상을 해서는 안 된다.

높아진 수입만큼 저금을 더욱 많이 하고, 눈 뭉치를 더욱 빠르고 크게 만들어야 하며, 더욱 높은 수준의 경험을 해야만 한다. 미래를 위해 개인 연금도 400만 원에서 300만 원을 더한 700만 원을 넣어야 하고, 6개월치의 비상금은 이미 확보했을 것이기에 하루빨리 1억 원의 눈 뭉치를 만드는 데 성공해야 한다. 수입의 일정 부분을 고르게 분배했다면 이후 남은 자금은 이제 주식의 ETF 상품에 투자해 보는 것을 권한다.

그리고 정확하게 말을 하건대 개별 주식이나 특정 섹터의 주식은 생각하지도, 쳐다보지도 말기 권한다. 여러분은 지수 추종 ETF만을 해야 한다. 종목까지 정확하게 나열한다면 SPY, IVV, VOO가 S&P 500이며 세 가지 상품 모두 미국의 500개 최고 우량한 기업에 투자하고 있는 상품이다. 가장 거래량이 많은 것은 SPY이며, 수수료는 IVV와 VOO가 같다. 위의 상품들은 미국 시장에서 거래해야 하므로 국내에서는 TIGER S&P 500 또는 KODEX 미국 S&P 500 등을 시작해 보길 권한다. 또한, 미국의 나스닥 100 지수를 추종하는 상품도 추천한다. 우리가 부자가 되기 위해 이 두 가지 상품만 알아도 충분하다. 다른 것들은 제발 부탁하건대, 공부하지도 생각하지도 말자.

대신 지수 추종이 무엇이며, ETF는 무엇이고, 어떻게 해야 투자할 수 있는지를 알아보는 노력 정도는 여러분이 스스로 하길 바란다. 검색만 해도 많은 자료가 나올 것이고, 유튜브로 검색한다면 하나부터 열까지 동영상으로 친절히 설명해 준다. 매매하는 것이 능숙해지고 어느 정도 파악을 했다면 이제 개인연금과 퇴직연금에서의 투자도 위의 ETF로 투자를 시작해도 좋다.

코치는 주식 전문가가 아니다. 그리고 부동산 전문가도 아니다. 또한, 주식과 부동산으로 돈을 버는 전문 투자자도 아니다. 그래서 여러분에게 주식은 어떤 것이고 어떻게 사고팔아야 하며, 어떤 개별 주식이 좋고 미래에 어떤 산업이 전망이 좋아 해당 주식을 꼭 사야 한다는 등, 지금 대출 규제는 어떻게 어느 지역이 좋고 재개발이 어디가 되며, 경매해서 싸게 사야 한다 등등… 이런 것들을 알려 주려 하지 않을 것이다. 여러분이 부자와 성공한 사람이 되라고 하는 것이지, 전문 투자자나 전업 투자 그리고 부동산 투기를 하는 법을 알려 주며 실행하라고 하는 것이 아님을 인식해 주었으면 좋겠다.

다만 지수 추종을 왜 해야 하는지는 설명해 줄 필요가 있다. 매수하라고 했던 코치의 말에 일말의 책임을 갖고 설명을 하자면, 지수 추종 ETF란, 인덱스펀드를 거래소에 상장해 투자자가 주식을 손쉽게 거래할 수 있도록 만든 상품이다. 주식과 펀드의 장점을 결합해 만들어진 상품이라고 생각하면 된다. 주식처럼 개인이 직접 구매할 수 있으며, 펀드의 높은 수수료를 절감할 수 있어서 초보 투자자에게 추천할 만한 좋은 상품이다. 또한, 개별적으로 종목을 찾지 않아도 되며, 여러 종목으로 구성되어 있어 변동성이 적고, 거래하는 개인들이 많아 언제든 매매를 할 수 있다는 장점이 있다. 크게 우리나라에는 코스피/코스닥이라는 지수가 있다면, 미국에서는 아래 세 가지의 ETF가 대표적이다.

① **다우존스 지수** DIA

다우존스사가 뉴욕 증권시장에 상장된 우량 기업 30개 종목을 표본으로 시장 가격을 평균하여 산출하는 주가지수

② **나스닥 지수 추종** QQQ

나스닥에 상장된 회사 중 금융 기업을 제외하고 시가총액 1~100위의 성장 가치가 있는 첨단기술, 통신 분야에 투자하는 회사들을 말한다. 주로 첨단 기술을 기반으로 하는 회사들의 1~100등이라고 생각하면 된다.

③ **S&P 500 지수** SPY, IVV, VOO

미국 스탠더드앤드푸어사가 기업의 규모, 유동성, 산업 대표성을 기준으로 선정한 500개의 대형 기업을 토대로 발표하는 주가지수이다. 다우존스 지수와 나스닥 지수보다 많은 종목으로 더욱 안정적인 운용을 하며 미국에서 가장 많이 활용되고 있다.

위의 지수를 추종하는 ETF는 단기적으로 보면 크고 작은 등락이 있을

수 있지만, 장기적으로 우상향하기 때문에 잃지 않는 안정적인 투자를 할 수 있다. S&P 500 지수 약 100년 추적 데이터 평균 수익률은 10%이며, 나스닥 100 지수 최근 10년 연평균 수익률은 20%이다.

여러분이 조금만 관심을 두고 위의 ETF를 공부하다 보면 알게 되는 사실이 있다. 결국, 우상향한다는 것. 작은 등락은 있을 수 있지만, 결국 엔 오른다는 것이다. 이번 장에서 말한 ETF를 매수하는 것은 여러분이 돈을 벌고 있는 한 그리고 잉여 자본이 발생하는 한, 부자가 되는 순간까지 계속해서 적립식으로 모아 나가야 함을 잊지 않기 바란다. 티끌 모아 티끌이 아닌 태산으로의 변화가 있을 것이다. 그것이 위에서 말했던 '복리의 마법'이다.

추가 설명은 뒤에서 다시 하겠다.

08
거주를 위해 집을 마련한다

　우리나라에서 성공한 자산가 대부분의 공통점은 바로 자산의 부동산 비율이 다른 재테크 수단보다 월등히 높다는 것이다. 우리나라 부자들의 자산 포트폴리오 중 90%가 부동산이라고 한다. 여러분에게 부동산 투자를 권하는 것은 아니지만 제3단계 전문가 수준이 되었다면 이제 집 한 채 장만할 시기가 왔다고 생각하면 된다. 집값이 요즘처럼 너무나 많이 올라 버린 상황에서 집을 사라니. 게다가 국평이라 부르는 전용 면적 84㎡, 34평의 집은 이미 여러분의 시야에서 멀어진 지 오래되었다. 다른 문제는 모두 차치하고 우선 코치가 생각하는 주거 목적 1주택의 매수 조건은 이렇다.

　첫째, 내가 살고 싶은 집
　둘째, 주변 인프라가 좋아 10년 뒤에도 만족할 만한 위치
　셋째, 결혼 후 자녀가 생기더라도 계속 거주할 수 있는 집

　주거 목적의 집은 투자 대상이 아닌, 내가 10년 이상 결혼하고 난 뒤

아이들과 함께 거주할 목적으로 구매해야 하는 집이다. 우리나라는 지역에 따라 집을 매수할 수 있는 금액의 차이가 엄청 많이 난다. 또한, 34평 기준 현재 우리나라 집값은 상상을 초월한다. 그리고 2년 전까지만 하더라도 아파트의 최대 70%의 아파트 담보 대출이 가능했다면 요즘은 아파트 대출도 여러 가지 규제 문제로 힘들게 되었다. 그렇다고 여러분이 거주할 1주택을 포기할 수는 없지 않은가.

내 한 몸 그리고 미래의 가족들과 함께할 보금자리 한 채 정도는 꼭 필요하고 가질 수 있지 않은가. 맞다. 코치는 여러분이 안정적으로 부를 축적하고, 성공한 사람이 되기 위한 전제 조건에 1주택 보유는 반드시 들어가야 한다고 생각한다. 비교적 어린 나이에 남보다 빨리 본인의 자산을 보유하는 경험은 이후 여러분에게 큰 도움이 될 것이다. 집을 갖는다는 것, 좋은 일이라는 것은 모두 알고 있을 것이다. 이제부터 코치가 추천하는 방법을 통해 자산을 만들기를 추천한다.

여러분에게 눈덩이를 만들라고 했고, 1억 원이라는 돈을 목표로 저축하라고 했다. 목표 금액에서 60% 이상을 저축했다면 이제 여러분은 위에 제시한 첫째, 둘째, 셋째 사항들을 고려하여 주거용 부동산을 공부하기 시작해야 한다. 코치가 말하는 공부로는 유튜브 시청, 부동산 서적 읽기, 검색 등등 모든 것을 포함한다.

만약 본인이 거주하고 싶은 그리고 사고 싶은 아파트가 정해졌다면 인근 부동산을 방문해서 현재 시세, 필요한 자본금, 아파트 내·외부 구조 등등을 육안으로 직접 확인해야 한다. 아파트의 내·외부는 구매 의사를 어필하거나 집을 구경하고 싶다는 말만 잘해도 공인중개사분들이 수고스러움을 감수하고 보여 주실 것이다.

코치가 여러분에게 1억 원의 눈덩이를 만들라고 하는 이유 중 하나는 거주할 목적의 자산을 만드는 것을 제1번으로 했으면 하는 바람이 있기 때문이다. 그리고 방법 또한 제시한다. 전 세계 중 우리나라만이 가지고 있는 '전세 제도'를 이용하면 매매 가격의 일부만을 가지고도 주거용 자산을 소유할 수 있다.

'갭 투자'라고도 하며, 사람들은 투기라고 할지 모르지만 코치는 결코 투기라고 생각하지 않는다. 집 한 채 없는 사람이 거주하기 위한 집을 갖는 방법 중 하나이기에 부족한 자본을 메워 줄 수 있는, 우리나라에만 존재하는 부동산의 특징을 이용하자는 것이다. 전세란, 다른 사람의 집이나 방을 빌려 쓸 때 일정한 돈을 맡겼다가 나가려 할 때 다시 돈을 찾아가는 것으로, 일반적으로 매매 가격의 60~70% 정도의 금액으로 형성되어 있다. 여러분이 만약 사고 싶은 집이 5억 원이라고 가정한다면, 5억 원에 대한 전세금은 65%로 가정했을 때 3억 2천500만 원이 될 것이다. 그렇다면 여러분은 각종 세금을 포함해 약 1억 9천만 원 정도의 눈덩이를 모으면 되는 것이다.

여러분이 무슨 생각을 할지 알고 있다. 1억도 모으지 못했는데 1억 9천만 원은 어떻게 하라는 것인지…. 여러분이 살고 싶은 아파트에 만약 작은 평수가 있다면 작은 평수부터 시작하면 된다. 혹은 작은 평수가 없는 아파트라면 바로 인근에 1억 원 내로 구매할 수 있는 금액의 투자로 전세를 끼고 구매 가능한 아파트를 구매하면 된다. 그리고 이후 몇 년 뒤 여러분이 억대의 연봉을 얻게 된다면 충분히 여러분이 원하는 곳을 매매할 수 있는 여건이 충분하리라 생각한다.

코치가 거주할 수도 없는 1주택을 '갭 투자'까지 하며 구매하라고 하는 이유에는 세 가지 정도가 있다.

① 본인의 명확한 목표를 설정할 수 있다. 살고 싶은 집을 눈으로 보게 된다면 그 집의 주인이 되어 거주하고 싶은 욕망이 생긴다. 정확한 목표가 생기게 되는 것이다.

② 부동산에 관한 실질적인 공부 경험이 생기고, 매수 경험을 갖게 된다.

③ 시간이 지남에 따라 작아지는 화폐 가치의 하락에 대응할 수 있다.

코치는 위의 세 번째 글을 쓸지 말지 한참이나 고민했다. 왜냐하면, 여러분은 세 번째 부분은 아직 신경 쓰지 않아도 될 부분이며, 너무 많이 아는 것이 오히려 독이 되리라 생각했다. 무슨 말인지 대부분은 알 것으로 생각하며 적었으며, 혹여 이해가 되지 않더라도 지금 당장은 신경 쓰지 않아도 된다.

다시 본론으로 돌아와 이야기해 보자. 눈덩이 1억 원 중 60%인 6천만 원을 모았다면 지금부터 천천히 본인이 매수하고 싶은 부동산에 관심을 두고 직접 공인중개사무소 부동산에 방문하는 게 좋다. 아파트의 내·외부를 살피고 나면 꼭 갖고야 말겠다는 의욕을 갖게 되며, 자연스레 내가 얼마만큼의 눈덩이를 더 모아야 하는지 정확히 계산하게 된다. 또한, 갭 투자에 필요한 금액인 1억 원보다 한참 부족한 상황이라면, 본인이 살고 싶은 아파트의 평수를 줄이거나 바로 인근 아파트 중 구매 가능한 물건을 찾아보는 것도 좋은 방법이다. 코치는 위에서도 말했듯이 투자를 위한 구매가 아닌, 실거주를 목적으로 한 1주택 '갭 투자' 구매를 하라고 했기 때문에 1억 원이라는 커다란 눈덩이를 모은다 해도 여러분이 소유하고 싶은 집을 매매하기란 쉽지 않은 것이 사실이다. 하지만 포기할 것인가? 누군가는 시도하고 도전하며 결국엔 성취할 것이다. 그 누군가가 여러분이 되지 말라는 법은 어디에도 없다. 다만 여러분 스스로 정할 뿐. 얼마의 시간이 걸려도 좋다. 여러분이 제3단계 번데기 단계까지만 진화하더라도 충분히 가능하다.

다시 한번 말하지만 제2단계부터 시작한 눈덩이 모으기는 여러분의 안정적인 주거를 위해 사용해야 하는 목돈이다.

※ 지역에 따라 거주 목적의 부동산 가격은 편차가 크기 때문에 우리나라 전국 아파트 평균 가격을 기준으로 잡고 이야기했다.

09

브랜드화가 됐다면
포트폴리오를 구성한다

제4단계인 '나비'로의 진화에 성공했다고 가정한다면, 여러분은 본인이 살고 싶은 부동산을 소유한 안정적인 단계에 들어갔을 것이다. 연봉도 예전과는 비교하지 못할 정도의 수준으로 처음 제시한 연봉 3천만 원의 열 배인 3억 원 이상은 벌 수 있을 것이다. 사회생활을 몇 년 한 사람들은 알겠지만, 사실 연봉이 3억이라고 해서 3억 원 모두가 내 주머니에 들어가지 않는다. 개인으로 따졌을 때 약 40% 정도는 세금으로 빠져 나가기 때문이다. 또다시 엄청난 혼란이 생길 것이다. 3억의 40%는 1억 2천만 원. 결국, 여러분에게 남을 금액은 절세한다고 가정해도 2억 원가량일 것이다. 많이 버는 사람이 많은 세금을 내는 것을 당연하게 생각하자. 그리고 지금 세금 걱정할 때가 아니지 않은가. 세금을 1억이나 낸다고 하더라도 당연히 일 년에 3천만 원을 버는 것보다 3억을 버는 것이 백배 천배 낫다.

지금 이 이야기를 하는 이유는 세금에 관한 조언을 해 주고자 하는 것이 아니다. 포트폴리오 구성을 위해 제3단계가 되었을 때를 가정하고,

대략적인 실수령액을 안내해 주려 적은 것이다. 여러분의 연봉이 세후 2억 원이라고 가정해 보자. 그리고 결혼하여 두 명의 자녀가 있고, 우리나라 4인 가족 월평균 생활비가 486만 원이니 한 달에 약 500만 원을 사용한다고 가정한다면 1년 동안 사용하는 금액은 6천만 원이다. 6천만 원을 제외한 1억 4천만 원에 대해 여러분에게 포트폴리오를 제시해 주려 한다. 100%를 기준으로 분배를 하면 아래와 같다.

35% 현금 저축(달러)
5% 금
30% 부동산
30% ETF / 개인연금, 퇴직연금

※ 개인적으로 코치는 아직 비트코인을 신뢰하지 않기 때문에 현재 포트폴리오에 비트코인을 담아 두지 않지만, 이후 미래에 비트코인을 신뢰하게 된다면 현금 비율을 조금 줄이고 비트코인을 포트폴리오에 넣을 수도 있겠다.

1억 4천만 원으로 연간 그리고 월간 투자 비율을 계산해 보자 ^{만 원 이하} ^{생략}.

투자 유형	비율	연/월 금액
현금 저축 ^{달러}	35%	연 4,900만 원/월 408만 원
금	5%	연 700만 원/월 58만 원
부동산	30%	연 4,200만 원/월 350만 원
주식 ^{ETF}, 개인연금, 퇴직연금	30%	연 4,200만 원/월 350만 원

여러분이 거주하는 1주택, 개인연금, 퇴직연금을 제외한 자산의 합이 20억 원이 될 때까지는 위의 포트폴리오만 유지해도 충분히 안전하게 여러분의 자산을 지킬 수 있고, 마음 편한 재테크를 할 수 있다. 여러분이 나비를 넘어 호랑나비가 되어 하루빨리 이보다 더욱 큰 자본을 갖는 부자와 성공한 사람이 되길 기대한다.

코치가 제시한 로드맵은 쉽게 부자와 성공한 사람이 되는 방식은 아니다. 하지만 지금까지 설명한 방법들은 절대 변하지 않을 진리의 방법이다. 적은 돈으로 작은 이익을 얻어봤자 인생이 변하지 않는다고 했다. 그렇다면 어떻게 해야 하는가? 본인의 능력을 키워 더 많이 벌고 더 많이 모아서 안정적으로 잃지 않는 투자를 하면 된다.

적은 돈부터 재테크를 시작해서 경험치를 얻는다든가 더욱 빠르게 눈덩이를 굴리려 어떠한 투자 수단에 몰두하다 보면, 정작 본인이 해야 할 일들에 소홀히 할 수 있고 자칫하면 정말 해야 할 것을 잊어버릴 수도 있다. 코치가 안내한 로드맵은 현재 여러분을 위한 로드맵이다.

혹여 코치의 생각을 잘못 이해할 수 있다고 판단하고 한 가지만 더 이야기하자면, 제2단계 애벌레 시절부터 10%의 금액으로 많은 경험을 하라고 했었다. 그 경험에는 당연히 많은 강의와 공부가 포함된 것이다. 여러분이 어느 정도 눈덩이를 모았을 때 실전 경험은 없다시피 하겠지만 많은 전문가, 전문 서적, 동영상 강의 등으로 어느 정도 경험치를 얻은 상태일 것이다. 이러한 상태에서 투자를 시작할 때 여러분의 원금이 절대 손상되지 않게 하기 위한 안전장치라는 것을 이해해 주길 바란다.

빨리 성급하게 부자와 성공한 사람이 되려고 하지 마라. 부자와 성공한 사람이 되기까지 피나는 노력의 시간이 필요하며, 최소한 3~5년 정도의 시간은 꼭 필요하다.

Freedom is not free
대가 없는 자유는 없다

부자와 성공을 꿈꾼다면 힘들어도 참고 진화에 성공해야 한다.
자유로운 인생 행복한 인생을 위해서.

PART 2

부자와
성공한 사람의
포트폴리오
기본 지식

01
자본주의

자본주의는 영어로 Capitalism이라 한다. Capitalism이라는 용어를 최초로 사용한 사람은 프랑스의 역사가 겸 정치인인 루이 블랑Louis Blanc, 1811~1882 이며, 1854년에는 '자본을 가지고 있는 상태'라는 뜻으로 처음 등장했다. 오늘날의 의미대로 '자본가가 되기를 부추기는 경제·사회 체계'라는 의미로서의 '자본주의'라는 단어는 1872년 처음 쓰이기 시작했다.

'캐피털'은 많이 들어본 단어일 것이다. 사람들은 일반적으로 현재 수중에 가진 돈으로는 살 수 없는 것을 구매할 때 캐피털의 할부 제도를 이용하고는 한다. 코치는 무의식적으로 캐피털 즉, 신용으로 구매하는 것을 매우 싫어한다. 게다가 그것이 그저 소비 욕구를 채우려는 찰나의 충동이라면 절대 할부 거래는 하지 않길 바란다. 하지만 그것과는 별개로 캐피털리즘 즉, 자본주의는 여러분이 계속해서 공부하고 기억해야 할 단어이다. 왜냐하면, 여러분이 무언가를 소유하고 자유로운 소비를 할 수 있게 해 주는 매우 중요한 것이기 때문이다. 인터넷을 검색해서 정확히 자본주의가 무엇인지 검색을 하면, "재화의 사적 소유권을 개인이 가지는 자유의지에 반하거나 법률에 따르지 않는 방법으로는 양도 불가능한 사회 구성원의 기본권으로 인정하는 사상"이라고 뜻 것이다. 즉, 사적 소유는 자본주의의 표지가 된다. 모든 사람은 소유욕이 있다. 그리고 자본주의 세상에서는 얼마큼 많은 자산 혹은 통상적으로 자산으로 인정되는 화폐나 가치재 등을 소유하는지에 따라 부의 정도를 인정받는다. 그리고 대부분은 계속해서 소유하기 위해 활동한다. 자본주의는 시대에 따라 조금씩 다른 면에 초점을 맞추는데, 생산자본주의와 상업자본주의 그리고 역사에 따라 자본주의 시대를 나눠서 구분하기도 한다. 현재의 자본주의를 제4차 산업혁명이라고 하며, 인공지능과 로봇의 발전으로 예전과 달리 사람들의 노동 가치가 현저히 낮아진 상태다. 또한, 전통산업을 기반으로 하는 기업들은 서서히 정체되는 중이며 새로운 플랫폼을 선택하는 기업들이 전통산업의 가치를 차지하고 있다. 미국의 아마존이나 구글 그리고 우리나라의 카카오나 네이버 등이 서로에게 끼치는 영향력은 실로 엄청나며, 이러한 플랫폼 기업들이 각국의 상위 5위권 안에 들어간 지는 꽤 오래되었다. 여러분이 자본주의를 공부해야 하는 이유가 바로 여기에 있다. 2000년대 초까지 자본주의에서 개개인의 노동력은 자본을 획득할 수 있는 기반이 되고도 남았다. 그러나 현재는 기계의 발달과 사람보다 월등히 뛰어난 생산성을 가진 자동화 시스템으로 인해 점차 개인의 일자리가 사라지거나 대체되었고, 소수의 뛰어난 전문가 이외에는 일자리를 찾을 수 없게 되었다. 그로 인해 점차 부의 양극화는 더욱 심화할 것이고, 중산층이 몰락하며 부익부 빈익빈 현상이 가속화될 것이다.

결국, 자본주의 시대를 사는 우리는 둘 중 하나를 선택해야 한다. 자본주의를 공부해서 그것의 장점을 활용하여 자산을 증식하고 부를 쌓을 것인지, 지금과 같이 시간이 갈수록 본인의 노동력이나 지식의 가치가 하락하는 것을 지켜보며 시대 탓을 하고 있을지. 당연히 코치는 자본주의를 공부하고 부를 쌓기를 추천한다. 그러기 위해 지금도 여러분은 자기계발을 하고 있지 않은가. 자본주의 세상은 누군가에게는 너무나 행복한 것이고 다른 누군가에게는 불행한 것일 수 있다. 바로 그것을 결정하는 것이 부의 격차이며, 여러분 모두는 각자도생해야 한다. 자본주의 시대에 살면서, 모두가 행복하고 평등한 세상을 외치는 것은 어리석은 것이다. 여러분이 먼저 부를 축적하고 선한 영향력으로 다른 힘든 이들을 돕는 사람이 되길 바란다.

02
달러

　미합중국의 통화이며 세계 통화의 대표이자 전 세계 나라의 '기축통화'이다. 예전에는 유럽 통화 '유로'의 위상이 달러에 버금가게 높았지만, 유럽의 일부 국가가 부도 사태 직전까지 간 일이 있었기에 유로라는 화폐의 신용도는 전반적으로 하락했고, 미국 달러가 안전 자산이라는 인식이 한층 높아졌다. 또한, 석유파동 이후 미국의 달러로만 원유를 거래하게 되었고 이로 인해 다른 나라의 화폐가 달러의 가치를 뛰어넘기 더욱 어려워졌다.

　달러 이야기를 하자면 '금본위제' 이야기를 하지 않을 수가 없다. 전세계 기축통화인 달러는 예전에 금과 교환할 수 있는 증서를 발행했는데, 1971년 리처드 닉슨 대통령이 이른바 '닉슨 쇼크'라는 사건을 터뜨리면서 금과의 연동은 폐지되어 불환 화폐가 되어 버렸다.

　달러를 알아야 하는 이유 중 하나는 바로 원화와의 거래 차익이 발생하기 때문이다. 우리나라 돈인 원화와 달러 간의 금액은 수시로 변하며, 이로 인해 원래 가지고 있던 돈의 가치가 달러로 교환하면 작아지거나 커질 수 있다. 2010년부터 현재 2022년까지 1,000~1,300원 사이를 왔다 갔다 하고 있다. 그리고 2022년 현재 달러는 원과의 환율이 1,200원을 돌파하기도 했다.

만약 여러분이 1,000원에 1달러를 교환해서 가지고 있다가 약 1,200원인 현재의 시세에 다시 원화로 교환한다면 200원이라는 이익을 본 것이다. 물론 원화를 달러로, 달러를 원화로 환전할 때는 수수료가 발생한다. 환전하는 방법은 온·오프라인에 다방면으로 있으며, 전문적으로 이런 환차익을 얻을 목적으로 투자를 할 것이라면 주식의 ETF를 대신 구매하는 등 여러 가지 방법이 있다.

여러분에게 환차익을 만들어 내는 법을 알려 주고자 달러 이야기를 하는 것이 아니므로, 다시 달러에 관해 이야기해 보면, 코치가 생각하는 달러는 원화와 같다. 즉, 언제 어디서나 사용할 수 있고, 돈으로서의 가치를 인정받으며, 전 세계에서 가장 안전한 화폐이다. 이것이 달러를 알아야 하는 중요한 이유이다. 여러분은 베네수엘라 이야기를 한 번쯤은 들어 보았을 것이다. 인터넷상에서 많은 화제가 되기도 했는데, 식당에서 밥 한 끼를 먹고 난 뒤 내야 하는 현금이 산더미처럼 많아 수레를 이용하는 사진 말이다.

베네수엘라는 2010년 중반부터 경제 위기와 정치 위기를 겪으며 큰 인플레이션을 겪었고, 자국의 화폐는 가치를 인정받지 못하는 실정에 이르렀다. 그래서 베네수엘라를 포함한 여러 약소국은 미국 달러를 교환 화폐로 사용하고 있으며, 자국 화폐와 달러를 병행해서 사용하는 국가들도 전 세계에 쉽게 찾아볼 수 있다. 이는 현행 국가들이 법적으로 자국 화폐와 함께 사용하는 것을 인정했거나 혹은 그 나라 국민이 자국의 화폐보다는 달러를 선호하는 현상으로 인한 것이다.

우리나라는 전 세계에서 유례를 찾아볼 수 없을 만큼 정말 짧은 기간 안에 선진국 대열에 합류하게 되었다. 전 세계에 케이팝이나 드라마, 영화 등 많은 세계인이 우리나라의 콘텐츠를 보고 열광하며, 세계적인 그룹 '삼성전자'도 있는 선진국이다. 하지만, 우리나라는 미국과 중국의 영향을 많이 받으며 그들에 의해 크게 휘청거리기도 한다. 또한, 전 세계에서 유일한 분단국가 이자 휴전국가라는 정치적인 상황도 경제에 영향을 미친다.

그러므로 코치는 여러분이 달러에 대해 알고 있어야 한다고 생각한다. 미국의 달러는 지금 현재 전 세계에서 가장 안전한 화폐이고, 어느 나라에서나 통용할 수 있는 화폐이다. 또한, 그 가치를 인정받고 혹시나 모를 가치의 하락을 막을 수 있는 가장 안전한 화폐이다. 그래서 코치는 자산 일부를 현금으로 보유할 때 비상금을 제외한 모든 현금을 달러화할 것을 추천한다. 위에서 설명했던 것과 같이 우리나라는 1,000~1,300원 사이를 왔다 갔다 한다. 평균적으로 1,150원이라고 생각하고, 환율이 1,150원 이하라면 매달 일정 금액을 조금씩 나눠서 달러로 환전하는 것을 추천한다. 그리고 이러한 습관은 혹시나 겪을지 모르는 경제 위기에서 달러의 위상을 절실히 깨닫게 해 줄 것이다.

코치는 〈국가 부도의 날〉이라는 영화를 좋아한다. 배우 유아인 씨가 주연으로 등장해서 1997년 11월 IMF 상황을 주인공 시점으로 보여 준 영화인데, 1997년 11월 15일 원·달러 환율이 792원에서 1997년 12월 3일 1,610원으로 올랐다. 그리고 차익을 실현한 후 다시 부동산 투자를 해서 큰 부자가 되었다는 내용이다. 〈국가 부도의 날〉을 보고 코치의 머릿속에 가장 인상 깊게 남은 점은 '주인공처럼 준비하고 재테크를 해야겠다.'가 아니다. 원화 대비 달러가 두 배 이상 상승해서 가치가 두 배가 됐다는 것도 아니다. 바로, 주인공이 보유했던 현금이 달러가 아닌 원화였다면 가치가 반 토막이 났을 것이라는 점이다. 나는 분명 1,000원을 갖고 있었는데 어느 순간 500원의 가치만 남게 되는 것, 이것이 코치가 심오하게 생각한 내용이다. 평소에 자산을 여러 형태로 분배해야 하며 특히, 현금을 보유할 때에는 달러로 보유해야 하는 이유가 바로 여기에 있다.

실제로 경제 위기가 왔을 때 과연 얼마나 많은 사람이 이론으로 공부한 재테크를 적용할 수 있을까? 당장 실직과 폐업이 눈앞의 현실이 되고 바로 옆에 있는 주변 사람들의 고통을 보고 듣는 상황에서도 경기 침체에 대응하는 재테크를 할 수 있을까? 이것은 겪어 보지 않으면 아무도 모르는 것이다. 하지만 최소한 여러분이 가진 재산을 지킬 수 있어야 한다. 그러기 위해서는 현금을 보유하고 그중에서도 달러로 보유할 것을 추천한다. 여러분 모두가 안전하고 끝까지 포기하지 않는 사람이 되기를 바란다.

03
금

금은 인류 문명에 큰 영향을 주었고 앞으로도 그 가치는 영원하리라 생각한다. 화폐가 등장하기 이전에는 물물교환 수단으로, 현대에는 반도체 산업에서 의료 영역까지 금은 생각보다 우리 일상생활에서 많이 활용되며 흔하게 접할 수 있다. 또한, 어떠한 시대나 상황에서도 환금성을 보장받을 수 있는 귀금속이며, 사람들은 귀금속 중 으뜸으로 취급한다. 대부분 보물 상자를 연상할 때면 항상 황금으로 가득 차 있는 상자를 연상하고는 한다. 치과 치료에서 금니를 할 정도로 부식이 되지 않고 인체에 해가 없으며, 그로 인해 금으로 귀금속을 많이 만들기도 한다. 우리나라에서는 아이들의 돌잔치에 친한 지인들이 아이에게 금을 선물하고는 하는데, 현재와 마찬가지로 과거에도 금은 비싸고 귀한 것으로 여겨졌다. 동서양을 막론하고 왕관이 금으로 만들어진 이유도 그만큼 고귀한 것의 상징이었기 때문이다. 금과 관련된 해프닝은 전 세계적으로 다양하고 많다. 결국, 사람들은 아주 먼 옛날부터 금의 가치를 높게 평가했다고 보면 되겠다.

금은 고대부터 세계적으로 그 가치를 인정받았기에 국제 통용 화폐로 활용되었다. 19세기 서구의 자유무역은 금을 기반으로 한 금본위제도가 기반이 되었으며, 여러 가지 역사적인 사건을 거친 후 1971년 리처드 닉슨 대통령이 금태환을 정지한 이래 금과 신용 화폐는 분리되었다. 이 사건으로 인해 금은 화폐가 아닌 귀금속을 만드는 재료로 활용하게 되었지만, 여전히 세계적으로 매우 신뢰받기 때문에 안정적으로 그 가치를 인정받고 있다.

여기에서 '금'에 대해 여러분이 알아 두어야 하는 이유가 있다. 여러분은 '돈'을 많이 갖고 싶어 한다. 그리고 '돈'이란 것은 결국 현재의 종이로 만들어진 '화폐'를 말하며 그것의 단위와 수량으로 '부'를 측정하곤 한다. 위에 이야기했던 것을 다시 생각해 보면 금은 화폐는 아니지만, 화폐보다 더욱더 오래된 돈의 역할을 해 왔고, 현재까지 그 가치를 안정적으로 유지하고 있다. 어떤 전문가들의 의견을 따르자면 "금은 안전 자산이다."라고 말하는 사람들도 있다. 결국, 여러분의 선호하는 성향에 따라 '금'이든 '달러'든 어떠한 상황이 닥치더라도 바로 교환 가치가 있는 자산을 갖고 있어야 한다.

금은 전 세계 부자 중 상당수의 포트폴리오 일부에 포함되어 있을 정도로 안전 자산의 성격을 갖고 있다. 금을 보유하는 방법으로는 달러와 마찬가지로 실물을 보유할 수도 있으며, 증권사나 은행 등을 이용하는 방법, 증서나 주식의 ETF를 이용하는 방법도 있다. 개인적으로 코치는 실물로 보유할 것을 추천한다. 실제로 보고 만질 수 있는 금은 여러분에게 더욱 심리적인 안정감과 좋은 기분을 줄 것이며, 실물로 보유하지 않앉을 때보다 더욱 오래 보유하게 되어 결국에는 이득을 보게 할 것이다. 여러분의 자산이 많지 않을 때는 금보다는 달러를 보유하길 추천한다. 왜냐하면, 금은 구매할 때 세금을 내야 하고 부가가치세 10%와 공임 등의 지출을 포함하면 약 15%의 손해가 발생한다. 금을 통한 수익은 결국 수요와 공급에 달려 있으며, 주식이나 부동산처럼 극적으로 이익을 보는 방법이 아니다. 만약 이 책을 읽고 있는 여러분이 안전 자산을 보유하려는 목적으로 금을 구매하겠다고 한다면 제4단계인 나비가 될 때까지는 기다리라고 하고 싶다. 다만, 만약 여러분 중 현재의 나이가 50대인 분들이 있다면 포트폴리오 분산 효과를 위해 추천할 수 있으며, 추후 자녀들에게 자산을 증여하는 방식의 하나로 금덩어리인 골드바를 구매하는 것은 권장할 수 있겠다.

04
부동산

부동산은 흔히 토지나 건물 등 움직여 옮길 수 없는 재산을 의미한다. 여러분이 알아야 하는 것은 부동산의 관점이다. 그리고 부동산과 주식 등을 비교해 볼 필요가 있으며, 나이와 상황 그리고 현재 자신이 가진 재산에 따라 부동산이든 주식이든 본인의 성향에 맞는 투자를 해야 한다. 대부분의 이 책을 읽고 있는 여러분은 가진 것이 아직 많지 않은 20~30대의 사람들일 것이므로 결론부터 말하자면, 코치는 자가 自家 한 채를 제외하고는 부동산을 추천하지 않는다.

우리나라는 고도성장을 이룩한 나라이며, 서울을 중심으로 부동산의 가격은 엄청나게 올랐다. 그리고 부동산의 가격은 계속해서 오를 것이리라 생각한다. 점점 돈의 가치가 하락하고 모든 자원의 가치는 오르는데 부동산의 가격이 계속해서 제자리일 수는 없기 때문이다. 대한민국의 부자 대부분이 부동산으로 부자가 되었고, 20~40대의 여러분은 이러한 상황을 보고, 듣고 주변의 지인들을 통해 실감하고 있을 것이다. 또한, 다른 선진국에 비해 개인 자산의 비율 중 주식 비율이 상대적으로 부동산보다 훨씬 적고, 대부분 자산이 부동산에 몰려 있는 것이 우리나라의 특징 중 하나다. 이렇게 다른 자산에 비해 부동산에 쏠림 현상이 두드러지는 것도 이해한다. 여러 가지 장점을 갖고 있기 때문이다.

첫째, 레버지리를 이용한 자산 증식이 가능하다.
둘째, 변동성이 적다.
셋째, 여러 가지 투자 상품이 존재한다.
넷째, 자산의 가치를 방어하기 좋다.

첫째, '레버리지를 이용한 자산 증식이 가능하다.'라는 것은 내가 가진 것보다 비싼 것을 은행의 담보 대출로 구매할 수 있으며, 1억 원짜리 부동산을 20% 정도의 금액인 2천만 원으로도 구매하는 것이 가능하다. 어떤 부동산이냐에 따라 그리고 어떠한 방법으로 구매하느냐에 따라서 더욱 적은 금액으로도 매매할 수 있기 때문에 부동산은 '레버리지'를 잘 활용할 수 있다면, 적은 돈으로도 큰 자산을 만들어 낼 수 있는 비교적 안전한 투자 수단이다.

둘째, 변동성이 적다. 여러분이 알고 있는 재테크 수단 중 변동성이 적은 편에 속한다. 그리고 이러한 변동성이 적은 것은 심리적으로 안정감을 주고, 이런 안정감이 결국 가치의 상승으로 돈을 벌 수 있도록 한다. 부동산과 가장 비교를 많이 하는 재테크 수단인 주식은 변동성이 매우 크다. 하루에도 10~20%씩 오르락내리락할 수 있다. 하지만 부동산은 그렇지 않다. 눈에 보이지 않지만, 대부분 부동산은 아주 조금씩 그 가치가 상승한다. 그 이유는 위에서 설명한 것과 같이 물가 상승이 반영되기 때문이다. 물론 경기에 영향을 받아 가치가 하락할 수도 있지만 '주식'에 비해 훨씬 적다.

셋째, 여러 가지 투자 상품이 존재한다. 아파트, 상가, 오피스텔, 재개발, 건물, 토지 등 투자할 대상이 많고, 투자하는 방법으로는 경매, 공매, 분양, 청약, 매매 등의 방법들이 존재한다. 투자하는 대상과 재산, 성향, 나이 등에 따라 달라질 수 있으며, 투자하는 방법 또한 사람에 따라 다르고 매매하는 과정 또한 달라진다. 그리고 투자 상품에 필요한 '자기자본' 또한 달라진다. 이것을 장점으로 활용하여 부의 축적을 이루는 사람들이 존재한다.

넷째, 자산의 가치를 방어하기 좋다. 여러분이 어릴 적 사 먹었던 과자, 라면, 음료수 등등 일상생활 속 필요한 소비재들도 하루가 다르게 가격이 상승해 간다. 어릴 때 사 먹었던 새우깡이 만약 500원이었다면, 판매하는 곳에 따라 다르겠지만 지금은 1,500원까지 한다. 이렇게 실물 소비재가 상승할 때 부동산 가격도 상승한다. 여러 가지 요인에 의해 달라지지만, 단순히 과거보다 새우깡 가격이 세 배 상승했다고 가정하면 1억 원을 주고 산 부동산은 3억이 되어야 정상인 것이다. 물론 부동산은 이것보다 훨씬 많이 상승했다. 서울특별시 명동은 1990년 1㎡당 2,500만 원에서 2021년 2억 원으로 현재 국내에서 제일 비싼 땅이다. 물론 코치가 제일 비싼 땅으로 예시를 들었지만, 최소한 위에 말했던 대로 돈의 가치가 하락한 만큼 부동산은 오른다. 그러므로 부동산은 현금을 다발로 들고 있는 것보다 훨씬 안전하고 자산의 가치를 방어하는 수단일 뿐만 아니라, 최소한 대한민국에서만큼은 자산을 증식시키는 방법 중에 제일 손꼽히는 재테크 수단이다.

여태 부동산의 장점을 알아보았다면 이번에는 단점에 관해 이야기해 보자. 단점으로는 아래의 네 가지를 들 수가 있다.

첫째, 주식보다 정보가 폐쇄적이다.
둘째, 내구연한이 존재한다.
셋째, 각종 세금이 많고 지속적인 관리가 필요하다.
넷째, 정부의 규제나 정책에 따라 영향을 많이 받는다.

첫째, 주식보다 정보가 폐쇄적이다. 요즘은 네이버를 비롯해 각종 부동산 관련 앱이 많이 있어 예전만큼 폐쇄적이지는 않다. 과거 10년 전까지만 해도 내가 투자하고자 하는 부동산에 대한 정보를 알기 위해서는 관련 분야 또는 종사자를 제외하고 일반 투자자들은 임장을 하며 해당 지역의 부동산을 방문해 정보를 얻고는 했다. 정확한 분석을 위해 아직도 부동산 투자자들은 임장을 필수로 한다. 그에 반해 상장 기업의 주식은 재무제표를 비롯한 투자에 관한 정보가 대부분 투명하게 공시·공개되기 때문에 본인이 어디에 거주 중이건 간에 비슷한 수준의 정보를 얻을 수 있다. 이 부분에 대해 여러분이 맞다 아니다를 생각할 수도 있지만, 코치가 말하고자 하는 것은 주식과 비교하면 부동산에 대한 투자 관점의 정보를 갖기가 더 어렵다는 것이다.

둘째, 내구연한이 존재한다. 부동산의 가장 큰 단점 중 하나로, 결국 엔 노후된다. "서울의 낡은 은마아파트는 노후가 되었어도 가격 방어만 잘 되더라."라고 이야기할 수도 있지만, 서울의 집값은 결국 땅의 가치 가 상승한 것이지 건물의 가치가 상승하였다고 보기 힘들다. 대부분 건 물은 40년 정도의 내구연한이 있다. 그리고 건물의 기능을 상실한다면 처음 그대로 가지고만 있을 수 없게 된다. 다시 재투자해야만 한다. 그런 이유로 부동산을 갖는다면 40년이라는 가치를 설정한 뒤 그 안에 투자 수익을 내지 못한다면 오히려 손해를 볼 수도 있다.

셋째, 각종 세금이 많고 지속적인 관리가 필요하다. 취득세, 거래세, 소득세, 보유세 등 소유하면서 들어가는 각종 세금을 매년 내야 하고, 매 도 후에도 세금이 부과되며, 보유하고 있는 기간에도 여러 가지 관리를 통한 지출이 발생한다. 이러한 단점에 비해 주식은 거의 세금이 없다시 피 하며, 매도 후에 한꺼번에 세금을 내므로 복리 효과를 거둘 수 있다는 장점이 있다.

넷째, 정부의 규제나 정책에 따라 영향을 많이 받는다. 최근 들어 정부 에서는 많은 부동산 정책을 펼쳤다. 그리고 그러한 정책들은 정부가 원 하는 방향대로 흘러가지 않았고, 오히려 반대의 결과를 만들어 냈다. 그 리고 지금까지도 계속해서 부동산의 가격 폭등을 저지하고자 하는 정책 들이 나오고 있다. 대통령이 바뀔 때마다 여러 가지 부동산 대책들이 나 온다. 그리고 좋든 싫든 간에 어떠한 결과가 만들어진다. 정부가 부동산을 억제한다고 해서 무조건 억제가 되고, 규제를 완화한다고 해서 부동산 가격이 다시 완화되거나 떨어지는 것은 아니지만, 결국엔 여러 가지 정책과 규제로 인해 부동산의 흐름이 바뀌게 되는 것은 사실이다. 그러므로 부동산을 투자자의 관점에서 바라보았을 때 정부의 정책이나 방향성 등을 고려하고 투자해야 한다는 것을 잊지 않아야 한다. 선진국들의 사례를 본 결과, 결국 부동산이 안정화되려면 정부의 개입을 최소화하고 자유경제 시장에 맡겨 놓아야 한다는 것이다. 그렇게 했을 때 부동산 시장이 가장 안정되고 문제가 없었다는 것은 대부분 전문가도 인정하는 바일 것이다.

요즘은 부동산이나 주식에 관련된 서적들이 엄청나게 많이 쏟아져 나오고 있다. 베스트셀러 대부분이 주식이나 부동산에 관련된 책들이다. 코치가 이곳에서 아무리 많은 이야기를 한들 전문가들의 분석이나 차트 등을 이용한 설명보다 쉽고 정확하게 이야기할 수 없다. 왜냐하면, 그들은 그 업에 대한 전문가이기 때문이다. 또한, 코치는 여러분에게 그런 이야기를 하고 싶지는 않다. 다만, 최소한의 지식을 갖고 있기를 바랄 뿐이며, 이후의 각 파트에 대한 공부는 개인의 몫이라고 생각한다. 결코, 코치는 여러분이 전문 투자자가 되기를 원하지 않는다. 여러분이 좋아하고 잘하는 일을 하며 부자와 성공한 사람이 되길 바란다. 부동산의 미시적인 관점, 거시적인 관점, 미래 전망 등등 여러 가지 이야기에 관한 내용은 여러분이 만약 부동산에 관심을 두고 관련 서적을 한 권이라도 읽는다면 꼭 나오는 이야기일 테니 여기서 마무리하겠다.

05
주식/ETF

　주식을 발행해 사업하는 곳들을 주식회사라고 한다. 이러한 주식회사들은 개인이나 단체에 자본을 빌리는 대가로 투자금에 비례하는 이익을 배당하거나 회사 경영권을 주는데, 보통주와 우선주로 구분을 두기도 한다. 보통주는 배당이 적지만 투자한 만큼 경영권을 행사할 수 있으며, 우선주는 경영권을 얻을 수 없으나 배당을 보통주보다 조금 더 받을 수 있다는 차이가 있다. 일반적으로 우선주보다는 보통주가 대부분이다. 사업을 하는 회사 차원에서는 본인의 자본을 가지고 경영하는 것이 제일 좋겠지만, 사업의 규모를 더욱 확대하고 큰 자본을 얻기 위해 주주들을 모은다. 은행을 이용해 자금을 융통할 수도 있지만, 매달 내야 하는 이자와 원금을 갚아야 한다는 부담이 있다. 그에 반해 주식은 이자와 원금을 갚아야 하는 부담이 없으므로, 사업을 크게 하는 회사들 시각에서 보자면 주식을 발행해 자본으로 활용하는 것이 유리하다. 주식을 가진 사람을 주주라고 하는데, 쉽게 설명하면 회사의 주인 또는 동업자 정도로 생각하면 된다. 주식회사는 대표적인 유한책임 회사이다. 유한책임이란, 회사가 망한다고 하더라도 자신이 투자한 지분이 종이가 될 뿐 그 이상의 피해를 보지 않고 책임을 질 필요가 없는 것을 말한다. 이러한 주식은 증권회사를 통해서 매매 또는 매도할 수 있다. 증권사는 매매 업무의 대가로 매매 수수료를 받는다. 시중에는 다양한 증권회사가 있으며 수수료는 업체마다 조금씩 다르다.

공식적으로 최초의 주식회사는 1602년 설립된 네덜란드 동인도 회사라고 한다. 16세기 인도 항로와 아메리카 항로가 개척되면서 유럽에 대항해 시대가 왔고, 이로 인해 무역으로 엄청난 수익을 올릴 기회가 많아지면서 수많은 사람이 투자했다. 그러나 혹시 항해에 실패하거나 배가 침몰한다면 투자했던 원금마저 사라질 수 있으므로, 여러 회사나 부자는 이러한 리스크를 부담스러워했다. 그러다가 서로의 자본을 합쳐 투자한 지분만큼만 책임을 지는 식으로 리스크를 줄이기 시작했고, 그러한 방식이 발전하다 보니 현재의 주식회사 개념이 차츰 등장하기 시작했다. 또한, 원래 주식이라는 개념은 주가의 상승을 목적으로 이익을 실현하기 위한 것이 아닌 '분산출자'와 이에 대한 보상인 '배당금'을 보고 탄생한 개념이었다.

Exchange Traded Fund ETF 란, 상장 개방형 펀드로 주가지수나 채권가지수 등 특정 지수를 추종하여 거래소에 상장되어 거래되는 펀드를 말한다. 주요 지수를 기초자산으로 삼는 상품으로 발전해 오다가 채권, 통화, 원자재, 인버스, 레버리지, 액티브 등 다양한 형태로 상품들이 발전해 왔다. 최근에는 여러 가지 섹터별 ETF 자동차, 화학, 반도체, 2차 전지 등등 들이 한국 시장에도 많이 출시되어 많은 사람에게 더 폭넓은 선택을 할 수 있게 한다. ETF의 장점을 소개하자면 아래의 세 가지를 들 수 있다.

첫째, 개별 종목보다 리스크가 적다.

둘째, 거래 비용이 적게 든다.

셋째, 소액 분산 투자가 가능하다.

첫째, 개별 종목보다 리스크가 적다. 개별 종목을 선정하기 위해서는 여러 가지 분석을 해야 한다. 그리고 주주로서 지속해서 관심을 가지고 기업에 대해 파악해야 한다. 그에 반해 ETF는 다수의 기업이 하나의 상품에 포함된 형태로 특히 지수 추종의 ETF는 개별 주식처럼 지속적인 관심으로 시간을 들일 필요가 없으며, 그에 따라 개별 주식보다 리스크가 적어서 마음 편안한 투자가 가능하다.

둘째, 거래 비용이 적게 든다. 개별 주식과 달리 증권거래세가 없으며, 매매 수수료 역시 매우 낮은 수준이다. 운용 보수 역시 펀드^{액티브}에 비해 낮은 편이어서 전 세계적으로 많은 사람이 투자하고 있는 미국 S&P 500을 추종하는 VOO는 0.03%, 나스닥 100지수를 추종하는 QQQ는 0.2의 운용 수수료로 액티브 펀드와 비교하면 매우 저렴하며, 지수 추종^{패시브} ETF는 장기간 투자하는 데 매우 적합하다.

셋째, 소액 분산 투자가 가능하다. 리스크를 줄이고 싶다면 분산 투자를 해야 한다. 하지만, 개별 주식들의 가격은 한 주당 가격이 비싸므로 많은 돈이 필요하다. 꾸준히 소액 투자를 하는 대부분의 개인은 분산 투자하기가 힘들다. 그에 반해 ETF 상품들은 최소 수십 개에서 수백 개의 회사를 담아 하나의 상품으로 만들었기에 개별 주식보다 저렴하게 분산 투자 효과를 얻을 수 있다.

여러분에게 추천하는 것은 주식보다 ETF 지수 추종 상품이다. 시장보다 높은 수익률은 기대하기 힘들지만, 충분히 시장 수익률만으로도 장기간 투자하면 여러분이 원하는 부자가 될 수 있으니 크게 신경 쓸 필요 없고, 편한 투자를 할 수 있는 ETF 상품을 추천한다.

주식과 ETF에 관해 설명하자면 계속해서 이야기가 길어지므로 좀 더 관심이 있는 분들은 따로 공부하기를 권한다. 그러나 확실한 것은 계속해서 공부하다 보면 사람은 욕심을 내게 되고, 결국엔 잘못된 투자와 판단을 하게 된다. 결국엔 ETF 지수 추종 투자가 정답이라고 생각한다. 세계적으로도 유명하고 똑똑한 사람들의 주식에 관한 명언들을 소개한다.

"인덱스펀드라는 단순한 투자 수단을 선택한다면 사람들은 재테크보다는 훨씬 흥미로운 음악, 미술, 문학, 스포츠 등과 같은 여가 생활에 더 많은 시간을 활용할 수 있게 된다. 그뿐만 아니라 대부분 더 많은 수익을 거두게 될 것이다."

- 노벨경제학상 수상자 머튼 밀러

"나는 태양계 행성들의 움직임을 예측할 수 있으나, 인간의 광기는 예측할 수 없다."

- 아이작 뉴턴

"내가 죽으면 전 재산의 90%는 S&P 500을 추종하는 인덱스펀드에, 10%는 채권에 투자하라."

– 미국의 5대 갑부이며 전설적인 투자의 귀재, 워런 버핏

"나는 태양계 행성들의 움직임을 예측할 수 있으나, 인간의 광기는 예측할 수 없다." 이 말은 뉴턴이 투자 실패를 겪고 나서 한 명언이라고 한다. 과연 뉴턴보다 똑똑하고 주식을 잘한다고 자부할 수 있는 사람이 있을까? 또한, 미국의 5대 갑부이며 투자의 귀재라 불리는 워런 버핏보다 주식을 잘 할 수 있을까? 워런 버핏이 생애 동안 올렸던 평균 수익률은 연 22%라고 한다. 지수 추종 ETF의 수익률은 종목과 기간에 따라 다르지만, 평균 10~15% 사이로 충분한 시간을 갖고 장기 투자를 한다면 복리의 마법으로 여러분 모두 부자가 될 수 있다.

06
개인연금, 퇴직연금

개인연금이란, 노후 생활을 위해 경제적 활동이 가능한 기간 내에 소득 일부를 적립하는 상품이다. 이번 내용의 주된 이야기는 개인연금, 퇴직연금에 관한 이야기로 이것이 여러분에게 왜 필요하고 중요한지에 대해 이야기해 보도록 하겠다.

개인연금에 관한 정보를 찾아본 사람들이라면 피라미드 형태의 노후 준비 체계에 대해서 한 번쯤은 들어 보았을 것이다. 노후 준비 체계 피라미드의 제일 하단에는 기초연금과 공적연금 공무원연금, 군인연금 등, 중간에는 퇴직연금, 제일 위에는 개인연금이 자리하고 있다. 이 세 개가 노후를 대비하기 위해 미리 준비하는 연금의 유형이다. 주식을 해 본 사람이라면 한 번쯤은 보았을 가능성이 크다. 개인연금, IRP, ISA 계좌 개설 안내 등등 노후를 위해 준비해야 할 것들이 생각보다 많다. 그리고 직업이나 본인의 선택에 따라 퇴직연금에도 DB형 DC형, IRP형 등의 선택을 해야한다. 이러한 여러 가지 연금 제도 등이 활성화된 이유 중 하나는 우리나라가 OECD 국가 중 노인 빈곤 문제가 가장 큰 나라이기 때문이다. 이는 국가가 모든 책임을 질 수 없으며 최소한의 생계비인 기초 연금으로

커버할 수 없는 문제이다. 그로 인해 여러 가지 세제 혜택을 주며, 개인들에게 노후 자금을 모을 수 있도록 독려하는 것이다. 여러 가지 이야기를 하게 되면 머리만 복잡해질 뿐, 결국 여러분이 알아야 하고 해야 하는 것은 딱 두 가지, 개인연금과 IRP다. 개인연금과 IRP를 합한 금액 최대 700만 원까지 개인의 연간 총소득에 따라 13.2~16.5%의 세금을 환급을 받을 수 있다. 적게는 92만 4,000원에서 최대 115만 5,000원을 돌려받을 수 있다는 의미이다. 연금은 만 55세 이후부터 받을 수 있는데, 최초 수령 나이에 따라 그리고 분할 연도에 따라 3.3~5.5%의 연금소득세를 낸다. 또한, 개인연금과 IRP의 연간 최대 납입 한도는 합계 1,800만 원이며 이 중 700만 원까지는 세액공제 혜택을 주는 것이다. 개인연금과 IRP의 장점을 살펴보자면 아래와 같다.

첫째, 납입액에 대해 세액공제 & 700만 원 납입 시 최대 115만 5,000원 수령 가능

둘째, 과세이연으로 인해 개인연금과 IRP로 펀드나 ETF 등의 상품에 투자 시 엄청난 복리의 효과

셋째, 연금 수령 시 연금소득세 3.3~5.5%만 공제하는 저율 과세

이러한 개인연금과 IRP의 단점도 있다. 그러나 그러한 단점은 여러분이 중도 인출만 하지 않는다면 단점이 없는 것과도 같은 좋은 상품이다. 코치는 이 글을 보는 독자가 20살 이상 성인이라면 아르바이트를 하든,

직장을 얻든 월급을 받아서 납입하라고 당부하고 싶다. 너무 간단히 개인연금과 IRP에 관해 설명했지만, 꼭 개인적으로 다시 개인연금과 퇴직연금에 대해 알아보고 본인에게 맞는 상품에 가입하길 바라며, 증권사 계좌를 통해 비대면으로도 가입할 수 있으니 필수로 가입하길 권한다.

만약 여러분이 20살부터 55세까지 개인연금과 IRP의 합계 금액 700만 원을 꾸준히 안전한 지수 상품에 투자한다면 그것만으로도 여러분의 노후는 걱정하지 않아도 된다. 100세 시대라고 하는 요즘 55세부터 충분히 여유를 가지며 남은 40년 이상의 세월을 일하지 않아도 되는 평온한 일생을 살게 될 것이다. 지금까지 살아온 여러분의 일생은 초반 단계이다. 20살이든 30살이든 아직 살아갈 인생이 두 배 이상 남았기 때문에 지금부터 준비해도 절대 늦지 않다. 만약 이 글을 읽고 있는 그 누군가의 나이가 40세라도 상관없다. 55세가 아닌 65세부터 즉, 납입 기간을 늘리고 수령 시기를 늦춰 연금을 받으면 될 일이다.

코치는 20대 시절 개인연금과 IRP 등 수많은 상품은 쳐다도 보지 않았다. 왜냐하면, 단순히 연금을 받을 나이가 되었을 때 이미 부자가 된 후라면 이런 상품들은 필요 없으리라 생각했다. 맞는 말이기도 한 것이 이러한 개인연금이나 IRP 상품들이 필요한 이유는 혹시 모를 노후의 빈곤을 방지하기 위함이다. 돈이 많은 부자는 굳이 필요하지 않다. 하지만 그런 생각은 '자만'이었다. 미래에 어떤 일이 생길지 아무도 모르는 일이며, 또한 확정 수익률 15% 정도의 이익을 주는 혜택은 실로 엄청난 것이다. 여러분 자기 자신에 대한 투자를 제외하고 수익을 올리려는 투자 중 가장 첫 번째가 되어야 하는 것이 바로 개인연금과 IRP 투자여야 한다는 것을 잊지 말아야 할 것이다. 그리고 만약 여유가 된다면 연간 최대 한도인 1,800만 원까지 모두 넣어 최소한 지금 당장은 아니더라도 확정적으로 55세부터는 행복한 앞날을 꿈꾸며 살 수 있는 시간을 보내길 기원한다. 개인연금과 IRP는 정말 최소한의 '행복 보험'으로 생각하면 좋을 것 같다. 물론 여러분은 55세가 아닌 더욱 빠르게 부자와 성공한 사람이 될 것이다. 그렇게 되길 코치는 응원한다.

PART 3

부자와
성공한 사람의
'시작'

인생이란 결코 공평하지 않다. 이 사실에 익숙해져라.

태어날 때 가난한 건 당신의 잘못이 아니지만

죽을 때도 가난한 건 당신의 잘못이다.

때론 노력해도 안 되는 게 있다지만, 노력조차 안 해 보고

정상에 오를 수 없다고 말하는 사람은 폐인이다.

- 빌 게이츠

이번 파트 3에서부터 앞으로의 파트에서는 코치의 경험과 생각을 곁들여 좀 더 쉽게 이야기하도록 하겠다. 코치에 대해 간접적으로 알아 갈 좋은 기회가 될 것이리라 생각하며, 처음 시작과 힘든 과정에서는 어떻게 이겨 내었는지 또한, 실패했을 때 어떻게 했는지 등등 꾸밈없는 이야기로 여러분에게 공감을 줄 수 있는 코치가 되고자 한다. 많은 시행착오와 실패도 있었고, 피나는 노력의 나날들도 있었다. 여러분에게 코치의 경험담이 그리고 절실했던 과거가 전달되기를 바란다.

01
현재의 본인을 인정하는가
: 인정

이 글을 읽고 있는 분들에게 잠시 현재의 본인에 대해 생각해 볼 것을 권한다. 단순하게 생각하는 것이 아니라 충분히 여유를 갖고 집중해서 지금 본인의 외모, 지위, 학벌, 능력 등등 남들이 말하는 내가 아닌 스스로 본인을 판단해 보는 것이다. 시간이 걸려도 좋다. 충.분.히. 깊이 탐색해 보는 시간을 갖는 것이 좋다. 그리고 그것을 여러분 스스로 좋든 싫든 간에 받아들여라. 부자 그리고 성공한 사람이 되기 위해서는 자기 자신을 잘 알아야 하며, 그러기 위해서는 현재를 '인정'할 수 있는 사람이 되어야 한다.

이 책을 읽고 있는 여러분은 분명 부와 성공을 진심으로 원할 것이다. 마음은 진정으로 바라지만 매일 똑같은 일상을 반복할 것이고, 각자 자기 일에 열심히는 하지만 변하는 것은 없다고 말할 것이다. 또는 본인에게 주어진 일도 제대로 하지 않은 채 그저 마음만 부와 성공을 바랄 것이다. 여러분이 생각할 때 그런 것이 진정 가능하다고 생각하는가? 아마 누구나 불가능하다고 생각할 것이다. 누군가는 '로또만 된다면' 또는

'금수저로 태어났다면' 하고 한탄하는 사람이 있을 수도 있겠다. 코치는 다행이라고 생각한다. 왜냐하면, 여러분이 로또에 당첨되거나 금수저로 태어나 부족한 것 없는 부를 갖고 있다면, 부자는 될 수 있을지 몰라도 성공한 사람은 될 수 없을 테니 말이다. 여러분 스스로 아무런 준비와 노력을 하지 않는데도 부와 성공을 손에 넣을 수 있는지 그리고 현재 생각하는 부와 성공에 본인이 어울리는 사람인지 객관적으로 바라보는 것이 중요하다. 지금의 본인을 '인정'하는 것은 결승점을 향해 달릴 수 있는 레인 위 스타트 지점에 서는 행위가 될 것이다. 현재의 본인이 너무나 초라하고 한심해 보일 수도 있다. 하지만 스스로 인정하지 않는 것은 현실을 부정하는 것이자 본인을 부정하는 것이므로 앞으로 나아갈 수 없다. 부자와 성공한 사람들은 본인 스스로를 너무나도 잘 알고 있다. 내가 지금 무엇이 부족한지 그리고 부족한 것을 채우려면 무엇을 해야 하는지.

코치가 상담하다 보면 청소년이든 성인이든 코치에게 마음을 열어 진심으로 말하는 사람들이 있다. "저도 저 자신을 모르겠어요." 이렇게 말을 하는 사람들은 진실한 사람이라고 생각한다. 대부분은 본인 스스로 어떤 사람인지 생각하지 않고, 생각해 본 적도 없을 것이기에 막상 부자와 성공한 사람이 되기 위해 뭐부터 해야 하는지 잘 모르는 것이다. 조용한 곳에서 나는 어떤 사람인지 그리고 현재 본인에 대해 생각해 본다면 누구나 본인을 파악할 수 있다. 다만, 지금의 본인을 인정하려 하지 않고 부정하거나 회피하고 싶어서 "잘 모르겠어요."라고 하는 것이다. 여러분이 본인을 부정하거나 현재를 회피하면 인생은 달라지지 않는다. 스타트 라인에 설 수조차 없다. 그저 관중석에서 레이스를 펼치고 있는 선수들만 바라보고 있을 것이다. 지금을 '인정'하고 받아들이자. 너무 초라해 보여도 숨기지 말고 지금의 자신을 인정하자. 그것이 여러분이 레이스에 설 수 있는 '자격'이다.

02
미래에 어떤 사람이 되고 싶은가
: 목표

코치가 "부자와 성공한 사람이 되자."라는 목표를 갖기 시작한 것은, 18살이었다. 공부보다 내가 되고 싶은 부자와 성공한 사람에 대해 항상 생각했다. 처음엔 건물을 사고, 비싼 외제차를 타고 다니며, 월급 받으며 직장 생활을 하는 것보다는 사업을 하며, 일하고 싶을 때 일하고 놀고 싶을 때 놀 수 있는 그런 사람을 생각했다. 그런 것이 부자와 성공한 사람이라고 생각했다. 그리고 당시의 돈의 액수로 부자가 되기 위해서는 10억이라는 돈이 있어야 한다고 막연히 생각했었다.

여러분에게 '부자'란 어떤 사람인가? 10억이 있으면 부자인가? 100억이 있어야 부자인가? 또는 그 이상을 갖고 있어야 부자인가? 지금의 코치가 생각하는 부자란, 어떠한 돈의 액수를 의미하지 않는다.

"자유를 위한 충분한 돈의 양"
"일하지 않고 사용해도 줄어들지 않는 돈의 양"
"돈 때문에 불행한 것이 없는 부의 양"

코치가 생각하는 부자는 위의 세 가지 의미이다. 사람마다 부자의 기준은 다를 수 있다. 하지만 대부분은 다른 사람들과 비교를 통한 돈의 양으로 부자인지 아닌지를 구분하려 한다. 여러분 주변에 10억을 가진 사람이 없고, 여러분이 10억을 소유했다면 여러분은 주변 사람 중에서 제일 부자일 것이다. 하지만 100억을 가진 사람이 있다면 그 사람에 비해 여러분의 10억은 결코 부자라고 할 수 없는 수준의 '돈의 양'이 될 것이다. 그래서 코치는 생각했다. 과연 부자라는 것은 무엇일까? 다른 사람들과 비교가 아닌 나 스스로 부자가 되었다는 것은 어느 정도의 돈이 있어야 가능한 것일까?

20대 중반 코치는 우연한 기회에 어느 호텔 회장님을 만나게 되었다. 당시 코치가 실제로 만나 보았던 사람 중 제일가는 '부자'였고, 비즈니스적인 관계와 만남이 아닌 편안한 자리의 모임인지라 개인적인 질문을 여쭤보았다.

"회장님은 얼마의 돈을 가져야 부자라고 생각하십니까?"

다행히 불쾌히 여기지 않으셨는지 온화한 목소리로 코치에게 반문했다.

"자네는 얼마가 있어야 부자라고 생각하는가?"

"제가 생각했을 때 50억은 있어야 부자라고 생각합니다."

"그렇군. 그럼 자네에게 나는 부자일 거야. 하지만, 세상에는 100억, 1000억, 1조를 가진 사람들도 많이 존재하지. 그리고 그 사람들에게 50억은 별거 아닌 금액이겠지, 그렇다면 50억을 갖는다고 부자일까? 부자는 본인 쓸 만큼 있으면 부자인 거야."

짧은 대화이었지만 코치가 생각하는 부자의 기준이 바뀌게 된 계기가 되었다. 사람마다 '부'의 기준이 다를 수 있고, 그것에 상응하는 '돈의 양'은 다르다는 것을 깨닫게 되었다.

부자란 단순히 본인이 가진 돈의 양으로 측정하는 것이 아닌, '자유를 얻을 수 있는 돈의 양'이라고 생각하면 될 것이다. 대중교통을 이용할 때 버스보다 택시가 더욱 빠르고 편하다는 것은 모두가 알고 있다. 하지만 사람들은 대가로 치러야 하는 돈 때문에 버스를 탄다. 버스를 타면 택시를 탈 때보다 시간이 더 많이 걸리고 불편한 것이 많다. 하지만 사람들은 버스가 요금이 저렴하기 때문에 버스를 이용한다. 택시의 이용 요금보다 소중한 것은 시간이며, 여러분의 편리함이고, 생활의 만족과 행복이다. 단순히 버스와 택시의 이용으로 예시를 들었지만 여러분의 일상 속 대부분 이와 비슷한 상황에서 감수해야 하는 지출 때문에 버스를 이용하는 경우가 많을 것이다. 우리는 택시를 타기 위해 돈을 벌어야 하며, 이는 '자유'를 얻는 것이다. 돈은 자유를 위한 충분한 양을 뜻하는 것이다. 그러므로 여러분은 부자의 기준을 본인 생활에 맞추어 계산을 해 보면 된다. 얼마의 돈의 양을 갖고 있어야 자유가 주어지는 것인지. 그리고 그렇게 계산한 만큼 돈을 확보한다면 여러분도 부자가 된 것이라 할 수 있다.

우리는 부자와 성공한 사람이 되려고 하기에 '성공한 사람'에 대해서도 이야기해 보자.

성공한 사람이란 어떤 사람일까? 스스로 나는 성공했다 생각하는 사람은 없을 것이다. "이 정도면 성공했지!" 이런 말로 본인을 위로하는 사람은 있겠지만 "나는 성공했다."라는 말을 하는 사람은 없을 것이다. 왜 냐하면, 성공한 사람이라는 말은 본인 스스로가 아닌 나 이외에 다른 사 람들이 해 주어야 하는 말이기 때문이다. 그리고 나 이외에 다른 사람들 은 여러분의 현재와 미래의 어떤 모습을 보며 '성공했다'고 말을 할 것이다. 그 말은 "예전과 비교하면 성공했다."라고 할 수 있다. 즉, 비교를 통한 격차로 성공이란 말을 할 것이다. 코치가 말하는 성공한 사람이란, 남들에게 영향력을 줄 수 있는 사람을 뜻한다. 정확히는 '선한 영향력'을 주는 사람을 뜻한다. 선한 영향력이라 하면 여러분의 행동과 가치관으로 남들에게 좋은 영향을 끼칠 정도로 가치 있는 존재이다. 결국, 성공한 사람이란 위에서 이야기했던 제5단계이며 '호랑나비'인 것이다. 코치가 생각건대, 성공한 사람보다 부자가 되기가 더 쉽다. 부자의 기준은 '자유'이며, 그것은 본인 스스로 판단하는 것이다. 하지만 성공한 사람은 본인이 아닌 다른 사람들에 의해 결정된다.

성공한 사람이라면, 시간이 흘러 사라진다고 하더라도 긍정적인 가치와 가르침이 전해질 것이다. 코치는 '위인'이 되라는 것이 아니다. 다만, 여러분이 더욱 가치 있고 위대한 이상을 품어 다른 모든 사람에게 여러분의 영향력을 전달할 수 있는 그런 멋진 사람으로 거듭나길 기원하는 것이다. 또한, 어느 위인전에 나오는 것처럼 '자기희생'을 통한 실천과 모범을 보이라는 것도 아니다. 여러분이 추구하는 이상향을 만들어 나가는 데 실천하고 행동하라고 하는 것이다. 누군가 알아주지 않더라도 상관없다는 마음으로 자신의 가치를 넓게 펼치면 된다. 그렇게 된다면,

자연스럽게 한 명, 두 명, 세 명 그리고 많은 사람이 여러분을 평가할 것이고, 그 평가는 더욱 가치 있게 많은 사람에게 영향력으로 전달될 것이다. 결국 '성공한 사람'이란 눈에 보이는 '돈의 양'처럼 정형화되어 있지 않으며, 꾸준하게 반복한 삶의 결과로 나타나는 것이라 할 수 있다. 그래서 코치는 '부자와 성공한 사람'이 되라고 한다. 본인의 자유를 위해 부자가 되고, 본인의 가치를 행할 수 있는 영향력 있는 성공한 사람이 되자고 하는 것이다. 위인전을 살펴보면, 많은 위대한 분들, 코치가 말하는 성공한 사람들이 많이 있다. 자기희생, 가족들의 삶까지 담보 잡아 본인의 가치를 추구하는 위인들도 있다. 코치는 개인적으로 그런 삶은 절대 살지 말라고 한다. 현대를 살아가는 지금 개인에게 본인보다 중요한 것은 없으며, 가족보다 소중한 그 무엇은 존재하지 않는다고 생각한다. 그래서 본인의 삶과 가치, 가족들의 행복을 위한 부의 추구 이 세 가지를 모두 충족하는 사람이 되라고 하는 것이다. 어렵게 생각하지 않길 바란다. 부자는 여러분의 자유로운 삶을 살 수 있을 정도의 돈의 양이면 되는 것이고, 여러분이 가진 역량을 긍정적으로 전달할 수 있는 사람이 단, 한 명이라도 있다면 혹은 여러분이 추구하는 가치를 긍정적으로 전달할 수 있다면 성공한 사람이라 할 수 있다.

코치가 생각하는 부자와 성공한 사람이란 이런 모습이다. 그래서 코치 또한 많은 사람에게 가치를 주고 영향력을 주려 노력하고 있다. 아마도, 오랜 시간이 걸릴 것이다. 하지만, 한 걸음씩 걸어가려 한다. 매년 수많은 제자와 학생에게 새로운 인생과 자유를 선물할 수 있다는 것만으로도 행복하기 때문이다.

여러분이 생각하는 부자와 성공한 사람은 어떤 사람인가? 그리고 그것을 달성하려면 어떻게 해야 하는가? 여러분이 지금 자기의 모습을 '인정'했다면, 다음으로 할 것은 '목표'를 정하는 것이다. 코치가 생각하는 부자와 성공한 사람에 관해 이야기했으니, 여러분은 스스로 부자와 성공한 사람에 대해 생각했을 것이다. 코치의 말에 동의하는 사람도 있을 것이고, 다른 생각을 하는 사람도 있을 것이다. 모두 상관없다. 코치와 다른 견해를 가지는 것이 잘못된 것은 아니다. 자기의 판단이고 그것 또한 본인의 가치라고 생각한다. 하지만 그것이 무엇이든, 그것을 목표로 정하길 바란다. 스타트 라인에 서 있다면, 골인 지점을 알아야 중간에 포기하지 않고 달릴 수 있다. 목표가 없다면 눈앞의 골인 지점에서 멈춰버릴 수도 있고, 골라인이 어딘지 몰라 아예 출발조차 하지 못할 수도 있기 때문이다.

계속 이야기하지만 너무 어렵게 생각하지 않았으면 좋겠다. 여러분에게 지금 당장 엄청난 비전과 목표를 갖으라는 것이 아니다. 여러분이 갖고 싶은 것 소유하고 싶은 무언가가 있다면 그것을 목표로 삼아도 충분하다. 코치가 경험으로 말하건대 여러분이 나비가 된다면 자연스레 목표로 하는 것들이 훨씬 커질 것이며, 소비를 위한 그리고 소유를 위한 것들이 목표가 되지 않을 것이다. 지금 당장은 여러분이 소유하고 싶은 것을 위해 목표를 달성하기 위한 노력을 하는 것만으로도 충분히 전문가까지 도달할 수 있다. 목표를 달성하기 위한 설정 방법에 관해 이야기하자면 SMART 목표 설정을 활용하는 것을 추천한다.

SMART 목표 설정

Specific: 목표는 구체적으로 기록한다.

Measurable: 목표는 객관적으로 측정할 수 있어야 한다.

Achievable: 성취할 수 있어야 한다.

Realistic: 현실적이고 연관성 있어야 한다.

Time-Bound: 목표를 달성할 기한을 정한다.

여러분이 만약 외제차를 사고 싶다고 가정하면 어떤 외제차를 사고 싶은지를 적어야 한다. 외제차의 종류도 다양하다. 벤츠, 아우디, BMW, 볼보, 렉서스, 포르쉐 등등 어떤 회사의 차인지 가능하다면 모델명까지 정확히 기록해야 한다. 또한, 목표로 삼은 외제차의 실제 구매 가격을 정확히 알아야 하며, 여러분이 받는 월급으로 얼마 동안 모으면 구매할 수 있는지 확인해야 하고, 정확한 목표의 기간을 정해야 한다.

"나는 적금을 통해 매년 2천만 원씩 3년 동안 저금하고 아우디 A6 자동차의 주인이 되겠다."

여러분은 무엇을 소유하고 싶은가? 또는 소유가 아닌 다른 무형의 무언가를 위해 앞으로 나아가려 하는가? 사람마다 목표하는 것들은 다양할 수 있다. 무형의 것일 수도 있고, 유형의 것일 수도 있다. 지금의 여러분에게는 그것이 무엇이든 이루고 싶은 것이어야 하며, 허황된 목표로는 결코 도달할 수 없다. 목표를 세우고 그 목표에 도달하기를 여러 번 반복하다 보면 결국 여러분이 원하는 '이상'을 세울 것이고 찾게 될 것이다. 여러분이 원하는 모든 것을 SMART 목표 설정 방법을 통해 직접 적어 보길 권한다. 그리고 계속해서 성취해 나가길 바란다.

03
내 강점은 무엇인가
: 강점 파악

'목표'를 정했다면, 다음으로 할 일은 본인의 강점을 파악하는 것이다. 본인이 가진 무기를 알아야 그것으로 좀 더 쉽게 멀리 갈 수 있을 것이다. 이제 레이스의 첫발을 내딛기 시작했다. 여러분이 신고 있는 신발이 러닝화인지 구두인지 혹은 맨발인지 지금부터 알아가야 한다.

여러분이 가지고 있는 무기가 어떤 것인지 알아야 그것으로 전문가가 될 수 있다. 사람마다 무기는 모두 다를 것이다. 어떤 사람들은 "나는 아무것도 잘하는 것이 없다. 강점이 없는데 어떻게 해야 하느냐." 물어보는 사람도 있다. 코치가 알려 줄 수 없는 부분이다. 스스로 찾아야 한다. 다만, 코치가 말해 줄 수 있는 것은 무조건 남들보다 월등히 제일 잘하는 것만이 강점은 아니다.

미술을 잘한다고 하는 사람이 '피카소'보다 그림을 잘 그려야 하는 것은 아니며, 얼굴이 예쁘고 잘생겼다고 하는 사람이 현빈, 원빈, 송혜교, 전지현처럼 아름다워야 하는 것이 아니다. 다른 사람과 비교하지 말고, 본인의 현재에서 가장 자신 있고 괜찮은 것을 강점으로 삼으면 되는 것이다. 그리고 그것으로 할 수 있는 모든 것을 하면 된다. 여러분은 자신만의 강점으로 전문가의 경지에 도달해야 한다. 그리고 그것을 발판으로 브랜딩을 해야 하며, 결국엔 여러분의 '가치'를 사람들에게 전달해야 한다.

사람은 저마다 하나 이상의 재주는 타고난다고 믿는다. 말이 없고 내성적인 사람이라면 생각을 더 깊고 넓게 잘할 수 있고, 다른 사람들과 잘 어울리는 사람은 사람들에게 어떠한 매력을 지니고 있거나 신뢰를 주는 말을 잘할 수도 있다. 혹은 사물을 보는 시각이 남달라 감성적인 부분이 뛰어날 수도 있으며, 다른 사람들에게 공감을 잘해 주는 능력이 있을 수도 있다. 이러한 자신만의 강점을 파악하고 그것으로 무기로 삼아라. 그리고 그것을 통해 자신의 분야에서 전문가가 되는 것이다.

그렇다면 "전문가는 어떤 사람인가? 어느 정도 수준이 전문가인가?" 하는 질문에 코치가 답을 하자면 다른 사람들보다 조금만 더 잘 알면 된다. 본인의 해당 분야에서 깊이 있는 지식을 1년 이상 하다 보면 본인에게는 당연한 것들이 남들에게는 당연한 것이 아니게 된다. 지금 이 말이 핵심이다. 본인에게 당연한 지식이 남들에게는 전혀 모르는 정보이고 지식이다. 크몽, 재능넷, 숨고 등등 많은 다양한 프리랜서 전문가 사이트가 있다. 본인의 지식을 저렴하게 판매하는 곳으로 코치도 종종 이용한다. 분명 그곳에 등록하여 무언가 지식이나 재능을 판매하는 사람들은 해당 분야의 전문가라 불릴 만하다. 하지만 그곳에서도 같은 재능을 가진 많은 전문가가 존재한다. 위에서 말했던 제일 잘해야만 강점으로 삼을 수 있는 게 아니라는 말이 이 말이다. 많은 비슷한 재능을 가진 전문가들이 존재한다. 그리고 많은 전문가가 모인 사이트에서는 사람들에게 본인의 기술을 판매하고 있다. 여러분이 만약 엑셀을 잘 다룬다면, 다른 사람들의 말을 잘 들어 주고 공감하는 능력이 뛰어나다면 여러분 스스로 그것을 발전시켜 다른 사람들보다 지식과 전문성을 갖추고 판매하면 된다. 그것이 바로 전문가가 되는 길의 첫걸음이다. 한 가지 더 보태서 말을 하자면, 전문가에게도 분류가 있다. 아마추어, 초보, 중급, 고급 이렇게 네 부류로 나누어 보면, 다른 사람들보다 잘하지만 그것을 판매하기에는 부적절한 것이 전문가 직전의 아마추어일 것이고, 사람들에게 많이 어필해야 하며 본인 스스로 알려야 하는 단계가 초보 혹은 중급 단계이며, 여기까지가 3단계 전문가 단계이다. 추가로 설명해서 홍보를 통해 본인을 알리고, 실력을 인증해야 하는 단계를 넘어 선다면 고급 단계일 것이다. 고급 단계에서는 여러분의 실력이 이미 시장에 널리 검증되어 가만히 있어도 사람들이 찾아오고 일을 맡기려는 사람이 줄을 설 것이다. 오히려 여러분이 어떤 일을 처리해 주어야 할지 골라야 하는 상황에 있는 것이 바로 고급 단계 제4단계 브랜딩이 된 상태이다.

다시 본론으로 돌아와 강점을 찾아 그것을 전문가 수준으로 끌어올리자. 여러분에게 다른 사람보다 좀 더 잘하는 무언가가 분명히 있을 것이고, 그 무언가로 다른 사람이 처리하지 못하는 문제를 대신 해결할 수 있을 것이다. 전문가란, 다른 사람의 불편함을 빠르고 확실하게 해결할 수 있는 사람이다. 그것을 찾으면 된다. 한 가지 이상만 찾으면 된다. 본인 스스로 제일 잘하는 것 또는 자신 있는 것을 찾으면 되는 것이고, 만약 강점이 여러 개인 사람이라면 행복한 고민을 해야 할 것이다. 왜냐하면, 강점이 여러 개라 하더라도 그중에서 제일 잘하는 것을 찾아 본인의 무기로 삼아야 하기 때문이다. 대신 강점이 두 개 이상인 사람은 다른 강점들도 조금씩 전문가 수준으로 끌어올려 무기를 여러 개 만들 필요가 있다. 다만, 두 개 이상의 강점은 본인에게 있어 전문가로서의 신뢰를 떨어뜨릴 수도 있다는 것을 기억하길 바란다. 갈비탕 전문점에서 김치찌개도 잘 만들고 된장찌개도 잘 끓인다고 하면, 왠지 분식점처럼 한 분야에 정통하지 못한 아마추어로 보일 수 있기 때문이다. "팔 수 있는 모든 것을 팔아라." 이 말은 여러분이 생각지 못했던 본인의 당연한 어떤 무언가가 사실은 다른 사람이 돈을 주고라도 가지고 싶은 무언가일 수 있다는 말이며, 여러분은 팔 수 있는 여러분의 강점을 찾아 더욱더 강점을 전문가 수준으로 만들어 나가야 할 것이다. 그리고 그것을 직장이든 본인의 사업장이든 모든 영역에 투영하여 새로운 수준의 무엇으로 만들어야 한다.

매년 새로운 트랜드가 존재한다. 먹는 것도 계절에 따라 인기 있는 것들이 있으며, 색깔도 매년 그해의 컬러가 존재하고, 옷도 청바지, 나팔바지, 기모바지 등등 트랜드가 바뀐다. 그리고 그 트랜드 속에서 항상 새로운 신생 업체들이 비집고 여러분의 뇌리에 박힌다. 누군가는 이미 포화 상태인 업종에서 새롭게 1위가 되는 것이다. 1위는 아니지만 최근 코치가 좋아하는 치킨 프랜차이즈로 예를 들어 보겠다. 이미 몇십 년 전부터 우리나라에는 페리카나, 교촌, 멕시카나 등등 수십 개의 치킨 프랜차이즈들이 있었다. 많은 사람은 이미 포화 상태라고 생각하고 있고, 새롭게 프랜차이즈가 나온다 하더라도 구매 욕구가 크지 않다. 하지만 누군가는 똑같은 치킨 프랜차이즈를 하면서도 새롭게 라이징 스타로 떠오르게 만든다. '60계 치킨'이 그랬다. "매일 깨끗한 기름으로 60마리만을 튀겨 판매한다."라는 광고와 함께 사람들에게 친숙한 이미지의 연예인으로 광고를 한 이 프랜차이즈는 순식간에 엄청난 가맹점을 확보했다. 그리고 코치가 사는 지역에서는 몇 년째 인기가 높다. 코치가 알기로는 다른 프랜차이즈들에서도 60마리 정도 치킨을 만들면 기름을 교환해 줘야 하는 것으로 알고 있다. 어쩌면 이 당연한 것을 사람들은 모른다. 알고 있는 사람이 많지 않다. 그것을 포착한 60계 치킨은 사람들에게 깨끗한 치킨, 맛있는 치킨으로 사람들에게 전문성을 각인시킨 것이다.

강점을 전문성으로 만드는 것은 조금만 시각을 변화시키면 된다. 이 세상에 없는 것을 새롭게 만드는 것이 아닌, 이미 존재하는 것을 조금만 변형하여 사람들에게 새롭다는 인상을 인식시키는 것이 바로 강점에서 전문가로 변하는 과정이라 하겠다. 0과 1은 분명 숫자 한 개 차이지만 수학적으로 보면 완전히 다른 차원의 숫자다. 여러분은 0에서 1의 가치로, 딱 한 걸음만 전진하면 된다. 그렇다면 여러분은 레이스에 서 있는 존재에서 달리기 시작한 선수로 변하는 것이다.

여러분의 강점을 찾아라. 그리고 전문가가 될 수 있도록 딱 한 걸음만 전진하자.

04
미래를 위해 무엇을 해야 하는가
: 계획

여러분의 강점을 찾았는가? 찾았다면 다행이다. 혹시 강점을 찾지 못했다면 조금만 더 시간을 갖고 생각해 보고 이번 장을 읽어 보면 좋겠다. 강점을 찾은 뒤 내용을 적용해서 생각한다면 더욱 효과적일 것이다.

이번에 이야기할 주제는 "무엇을 해야 하는가?"이다. 현재의 본인도 인정했고, 목표도 정했으며, 강점도 찾았다. 다음으로 해야 할 것은 이제부터 계획을 세워야 한다. 목표에 도달하기 위한 계획, 이제 한 발을 내디뎠으니 다음부터는 무엇을 할 것인가에 대한 계획을 세워야 한다. 본인이 가진 강점으로 목표에 도달하기 위해 무엇을 해야 하는지 우선순위를 결정하는 것. 마음은 조급한데 무엇부터 해야 할지 모르기 때문에 더 앞으로 나아가지 못하는 것이다. 코치는 계획을 수립할 때 최대 3년 단위로 계획을 세운다. 그리고 2년, 1년, 한 달, 일주일, 일일 계획을 최대한 구체적이고 실현할 수 있도록 수립한다. 만약 자격증을 취득한다고 한다면 자격증의 난이도별 시험 날짜를 확인하고, 공부 계획을 세우며, 일일 몇 시간의 공부를 어디서 어떻게 몇 시부터 몇 시까지 할지를 정한다. 이런 계획을 하나둘 나열하다 보면 여러분의 목표에 도달하는 시간이 절대 지루하거나 막연해지지 않을 것이다. 그리고 플랜 B는 세우지 않는다. 코치의 경험상 플랜 B를 세우면 나약해지고, 나태해지며 결국에는 계획한 일을 끝내 이루지 못한 경우가 많았다. 그러므로 너무 어렵거나 무리한 계획은 삼가야 한다. 여러분은 현재의 자기 자신을 인정했기에 막연하거나 무리한 그리고 거의 실현 불가능한 계획은 세우지 않을 것이리라 생각한다. 그렇다고, 너무 쉬운 나머지 여러분이 발전하는 것이 아무것도 없거나 미미한 수준이라면 그것 또한 잘못된 계획이다. 지금 당장은 할 수 없지만, 최종적인 목표를 위해 3년이란 시간을 투자해서 조금씩 쌓아 올려 결국엔 이룰 수 있는 지속 가능한 계획을 세우기를 바란다.

해변이나 놀이터에서 모래성 쌓기를 한 번쯤은 해 보았을 것이다. 단단하고 크고 높은 모래성을 쌓기 위해서는 물을 모래에 부어 모래를 흩어지지 않게 만들고, 주변에 있는 모래들을 모아 성의 지지대 역할을 해줄 넓은 하부를 만들어야 하며, 손으로 두드리며 견고히 조금씩 쌓아 올려야 한다. 그리고 계속해서 모래들을 쌓아 올릴수록 세심한 손길이 필요하지만, 처음 하부의 지지대만큼의 모래는 필요하지 않다는 것을 알 수 있다. 모두 만들고 난 뒤, 제일 높게 쌓을 수 있는 사람은 제일 처음 하부의 모래를 견고하게 그리고 넓게 만든 사람이라는 것을 알 수 있다.

사람마다 목표로 하는 모래성의 크기가 다르고, 강점도 다르고, 쌓아 올리는 방법마저도 다르므로 완성된 모래성의 모양도 저마다 다른 것이다. 자, 그럼 기본적인 모래성 쌓기의 계획 및 방법을 생각해 보자.

① 내가 생각하는 멋진 모래성을 생각한다.

② 모래성을 쌓기 전 필요한 준비물을 구한다.

③ 물통을 들고 충분한 양의 물을 구해 온다.

④ 물을 내가 만들 성의 위치에 고루 뿌려 모래를 적셔 준다.

⑤ 젖은 모래를 모으고 손으로 또는 삽으로 두드려 가며 견고히 만든다.

⑥ 조금씩 모래를 쌓아 올리며 계속해서 두드려 준다.

⑦ 어느 정도 윤곽이 나타나면 성의 디자인을 만들어 가며 쌓아 올린다.

여러분이 계획을 수립하는 것과 모래성을 쌓는 방법은 크게 다르지 않다. 이런 전체적인 구상부터 시작해야 한다. 단, 다른 것이라 하면 3년 이상의 계획은 세우지 않는다는 것이다. 코치는 위에서도 3년 이상의 계획은 수립하지 않는다고 했다. 이유는 너무나도 멀고 지키기 어려우며, 현실성이 떨어지기 때문이다. 목표를 세우고 처음 3년간의 계획을 만들고, 이후 다음 연도에 1년을 추가해서 다시 3년의 목표를 만들면 된다. 매년 새로운 계획이 아닌 모래성을 두드려 가며 견고히 쌓아 올리는 과정인 것이다. 여기에서 자기만의 강점에 따라 누군가는 손으로, 누군가는 삽으로 또 누군가는 새로운 방법으로 저마다 다른 도구를 사용할 것이다. 처음 얼마나 넓은 모래에 물을 부어 모래를 적시느냐에 따라 견고함이 달라지듯이, 여러분이 얼마나 세세하고 좋은 계획을 세우느냐에 따라 모래성의 완공 여부가 결정될 것이다. 그렇기에 계획을 세우는 것에 집중하고 필요하다면 충분한 시간을 갖고 계획을 만들기를 바란다. 그리고 절대 수정하지 않는다는 각오로 계획서를 만든다면 충분히 각자의 모래성을 견고히 할 수 있는 양의 물과 넓은 위치의 땅을 차지할 수 있을 것이다.

　부자와 성공한 사람은 절대 쉽게 만들어지지 않는다. 최소한 3~5년 길게는 10년의 계획을 세우고 조금씩 두드려 가며 견고히 쌓아 올려야 하는 모래성 같은 것이라 할 수 있다. 여러분만의 모래성은 어떤 모습인가? 모래성을 만들기 위해 무엇을 해야 하는가? 그것을 만들어 나가는 계획과 방법을 생각하고 순서를 정해 보기 바란다.

05
왜 그것이 하고 싶은가
: 이유와 동기

여러분은 자유를 위해 부자와 성공한 사람이 되려고 한다. 이번 장에서는 다음 단계로 넘어가기 전 좀 더 본인의 마음을 진실하게 바라볼 수 있어야 하겠다. 부자와 성공한 사람은 누구나 되고 싶어 하고, 인생에 있어 자유는 누구나 원한다. 그런데, 여러분은 왜 그런 부자와 성공한 사람 그리고 자유를 원하는 것인가? 좋으니까, 원하는 모든 것을 살 수 있으며, 힘들게 일할 필요 없고, 아름다운 곳만을 찾아다닐 수 있기 때문인가? 그것뿐이라면 좀 더 고민해 봐야 할 것이다. 여러분이 부자와 성공한 사람이 되어야만 하는 이유. 이것을 찾아야 포기하지 않고, 목표에 도달할 수 있다. 누구나 원하는 것이기에 모두가 부자와 성공한 사람이 되고 싶을지라도 그것을 꾸준히 계속해서 지켜나가기란 여간 쉽지 않다. 충분한 목표와 계획을 세웠다고 하더라도 50% 이상의 사람들은 중도에 포기해 버리고 만다. 왜냐하면, 부자와 성공한 사람이 되는 과정은 외롭고, 힘들고, 피곤하기 때문이다. 그래서 여러분은 외롭고, 힘들고, 피곤함이 몰려온대도 계속해서 모래성을 두드려 나가야 한다. 그리고 계속해서 모래성을 두드릴 수 있는 사람은 뚜렷한 이유와 동기를 가진 사람이다. 누군가는 어릴 적 가난 때문에 겪은 절망감이 싫어서 혹은 내가 사랑하는 가족들을 가난으로부터 해방해 주기 위해서 부자가 되어야 한다고 말한다. 또 누군가는 꿈과 이상을 위해 이루어야 하는 목표 자체이자 삶의 이유이기 때문일 수도, 또 어떤 사람은 세상의 모든 어려운 이를 돕기 위해서라는 숭고한 이유가 있을 수도 있다.

이번엔 마라톤에 비유해 보자. 마라톤에 참가하는 많은 사람은 호기롭게 결승점 골라인을 넘어설 것이리라 생각하고 출발한다. 하지만 대부분이 중도에 포기하고 만다. 이유는 그냥 한번 참가해 봤기 때문에, 다리가 너무 아프고 심장이 터질 것 같아서, 마라톤에 참가했다는 것만으로도 의미가 있기 때문에 등등 저마다의 변명으로 처음 마음먹었던 결승점 도달을 포기하고 만다. 그런데, 확실한 이유와 동기를 가진 사람은 설사 정해진 시간 안에 골까지 도착하지 못하더라도 결국에는 끝까지 달리고야 만다. 왜냐하면, 그들에게는 1등 메달이 아닌 결승점 도달이라는 저마다의 이유와 동기가 있기 때문이다. 그리고 사람들은 끝까지 포기하지 않고 도착한 모든 이들에게 1등과 같은 함성과 축하를 보낸다. 코치가 말하는 이유와 동기는 어쩌면 '간절함'이라고도 할 수 있다.

> 간절함이 없는 꿈은, 꿈이 아닌 희망 사항이다.　　　－ 탈무드

여러분의 목표가 결코 희망 사항으로 끝나지 않길 바란다.

06
당장 무엇을 해야 하는가
: 실행

좋은 계획에서 좋은 행동으로 가는 길처럼 먼 것은 아무것도 없다. 모든 성공한 사람들을 묶어 주는 공통점은 결정과 실행 사이의 간격을 아주 좁게 유지하는 능력이다. 미룬 일은 포기해 버린 일이나 마찬가지이다.

- 피터 드러커

결국, 여러분이 목표로 하는 것을 세분화하여 계획을 세웠더라도 행동하고 실행하지 않는다면 아무 일도 일어나지 않는다. 좋은 생각과 방향과 방법을 알고 있더라도 실행해서 결과로 나타나지 않는다면 아무것도 남지 않는다. 여러분이 원하는 것을 소유하고 성취하고 싶다면 내일로 미루지 말고 오늘 당장 시작해야 한다. 우선 시작하면 조금씩 발전할 것이다. 그리고 발전된 그것들이 모여 결과물로 나타날 것이다.

총을 쏘아 목표물을 맞히는 사격을 잘하는 방법을 알고 있는가? 목표물을 정확히 보고 조준하여 한 번에 목표물을 맞히려 하면 잘 맞지 않는다. 한발 두발 쏘아 가며 총의 가늠자와 눈과의 영점을 맞추며 목표물에 점차 근접해야 이후 정확하게 목표물을 맞힐 수 있다. '목표물을 맞히려 영점을 잡아야 한다.'라는 것이 우리의 목표물을 맞히기 위한 계획이라면, 실제로 쏘아 보고 어디로 총알이 날아가는지 방향을 확인하는 것이 실행 단계인 것이다.

실행 또는 실천은 매우 어렵다. 누구나 계획은 세우지만 실천하는 것이 어려워서 모든 사람이 부자와 성공한 사람이 되지 못하는 것이다. 실행을 방해하는 요소는 우리 주변에 너무나도 많다. 귀찮아서, 지금 하는 일이 바빠서, 지금 당장 먹고살기 힘들어서, 주변 사람들의 야유와 부정적인 말들 등등 저마다 계획을 실행하지 못하는 이유가 하나 가득하다. 하지만 이런 이유는 여러분에게 변명이 될 수 없다. 왜냐하면, 결국 목표에 도달할 것인지 현재로 남을 것인지 결정하는 것은 여러분이기 때문이다. 실행해야 그리고 앞으로 나아가야 부자도 되고 성공도 할 수 있다. 앞서가는 사람들을 보며 나는 못 하지만, 그들이 할 수 있는 이유를 찾고 나와는 다른 사람으로 뛰어난 사람들이기 때문에, 그들의 환경이 좋아서 등등 다시 이런 이유를 만들어 질투하고 시샘할 것인가? 아니면 먼저 출발한 사람들과 함께 같은 레이스를 펼칠 것인가? 여러 변명은 무시하자. 그리고 할 수 있는 방법을 찾아 실행해 보자.

코치가 아무리 많은 좋은 말을 해 주어도 이것만은 여러분이 스스로 해야 한다. 그래야 본인의 것이 되고, 본인이 성장할 것이며, 부와 성공이 여러분에게 돌아갈 것이다.

많은 백만장자와 성공한 사람들이 '성공하는 법'을 책이나 방송 매체를 통해 이야기해 준다. 결국, 하나같이 입을 모아 이런 말을 한다. 세상 모든 사람이 부자가 되면 자본주의 경제는 제대로 돌아가지 않을 것이다. 하지만 성공하는 방법을 알려 준다 하더라도 어차피 실행하는 사람은 정말 극소수의 사람들이기 때문에 방법을 알려 준다 하더라도 상관없다.

여러분이 소수의 사람이 될 것인지 다수의 사람으로 남을 것인지 선택하면 된다. 다만 소수의 사람이 된다면 '자유'에 다가가게 될 것이고, 다수의 사람으로 남는다면 평생 돈과 많은 걱정거리로 계속해서 고민하게 될 것이다.

07
나비가 되려면 호랑나비에게 물어라

모르는 것을 물어보는 것은 창피한 일이 아니다. 오히려 무지함을 감추는 것을 수치로 생각해라. 어린아이들은 모르는 것이 있으면 바로바로 물어보고 해답을 찾는다. 그리고 많은 호기심으로 다른 것들을 계속해서 물어보고 배우고 학습해 간다.

누구나 이런 과정을 거쳐 성인이 된다. 사람들은 성인이 될수록 물어보는 것에 왠지 모르게 부끄러움을 느낀다. 그리고 모르는 것들을 배우려 하기보다는 숨기거나 감추고 다른 이에게 그런 모습을 보이려 하지 않는다. 모르면 배우는 것이 당연하다. 그리고 부자와 성공한 사람들의 공통점 중 하나는 물어보고 배우는 데 익숙하다는 것이다. 본인이 모른다는 것을 인정하고 숨기기보다는 그것을 숙지하려고 하며, 항상 새로운 지식과 정보를 습득하려는 자세를 갖고 있다. 그리고 그런 배움과 지식, 정보들을 토대로 새로운 창의적인 생각을 하며, 융합하여 새로운 형태의 무엇으로 만들어 더욱 많은 부와 가치를 쌓는다. 여러분이 부자와 성공한 사람이 되고 싶다면 무엇을 누구에게 물어보고 배워야 할까? 제일 좋은 방법은 여러분이 성공하기를 원하는 분야에서 정통한 1등에게 배우면 된다. 1등에게 배울 방법이 없다면, 그 분야의 상위 10%의 뛰어난 전문가에게 배움을 얻고, 그조차 여의치 않다면 주변의 해당 분야 전문가를 찾아 물어보고 배워라. 그리고 그에 맞는 비용을 치르라. 처음 보는 사람에게 자신이 고생하여 얻은 정보와 기술을 알려 줄 사람은 없다. 비용을 치르고 진심으로 배우는 자세를 갖추며, 더욱더 고도의 정보와 지식 그리고 도움을 요청해라. 여러분이 도움을 요청할수록 그들은 더 많은 배움을 선사할 것이다. 비용을 지출하는 것에 움츠러들지 말고 지금 지출한 비용이 나중에 열 배, 100배로 돌아온다 생각해라. 실제로 많은 전문가 역시 처음엔 비용을 치르고 배움을 얻어 그 자리까지 올라온 사람들이다. 그 결과로 본인이 들인 비용보다 훨씬 많은 수입을 얻게 된 것이다. 부자들과 성공한 사람들의 또 하나의 공통점 중 하나는 독서를 많이 한다는 것이다. 독서를 하는 이유는 그들이 TV를 보거나 게임을 하는 것이 싫어서가 아니라, 새롭고 본인이 모르는 것에 대한 가르침을 갈구하기 때문이다. 그리고 그것이 TV나 게임을 하는 것보다 즐겁다고 생각한다. 코치 역시 매일 책을 읽는다. 그리고 관심 있는 분야의 강의나 강연이 있다면 찾아가서 청취한다. 또한, 가끔은 궁금한 것에 대해 메일을 보내거나 강연 이후 개인적으로 질문을 하기도 한다. 여러분의 분야의 전문가를 찾고 해당 분야의 1등을 찾아라. 그리고 질문하라. 분명 여러분은 어느 순간 깨달음을 얻게 될 것이며, 더욱 높은 수준의 전문가가 될 것이다.

PART 4

부자들의
성공 무기

"의심으로 가득 찬 마음은 승리로의 여정에 집중할 수 없다."

- 아서 골든

여러분 주위의 많은 자기계발서와 성공 강연들 속 똑같은 이야기, 당연하지만 본인은 할 수 없는 이야기, 지루한 이야기로 치부하지 않길 바란다. 그리고 의심하지 말고 실천해 보라.

01
욕망의 힘과 이성의 힘

"사람은 욕망이 충족될수록 더 큰 욕망을 갖는 유일한 동물이며,
결코 만족할 줄 모르는 유일한 동물이다."

– 헨리 조지

누구나 사람들은 본인의 '욕망'을 채우기 위해 매일 필사적이다. 욕망
을 선천적인 것으로 생각할 때 '본능'이라고 한다. 사람들은 본능적으로
욕망을 갖고 그것을 충족하려 하며, 계속해서 더 큰 욕망을 충족하기 위
해 행동한다. 아이들에게 "나중에 커서 뭐가 될 거야?", "꿈이 뭐야?" 물
어보았을 때 아이들 대부분은 사회에 헌신하거나 사람들에게 도움이 되
는 직업들을 말하곤 한다. 그런데 나이를 먹고 성인이 되어 같은 질문을
하면 본인의 욕구에 관한 대답을 한다. 이는 점차 나이를 먹어 가며 본인
의 욕망과 본능을 인지하고 원한다는 것을 알 수 있다. 그리고 그것을 위
해 행동하고 있다. 지금 이 글을 읽고 있는 이유 또한 본인의 욕망을 채
우기 위해 읽고 있을 가능성이 크다. 욕망은 본능이고 이것은 결코 부정
적인 것이 아니다. 흔히 욕망이라고 하면 왠지 부정적인 느낌이 든다. 욕

망이란 단어를 생각할 때 성 ^性 적인 부분이 떠오르는 것 또한 본능과 같기 때문일 수도 있다. 그리고 그 욕망과 본능은 이성적이어야 한다.

"욕망을 이성의 지배하에 두어라."   - 키케로

분명 욕망을 본인의 에너지원으로써 목표를 설정하고 그것을 향해 달려나갈 때 폭발적인 힘을 발휘할 수 있다. 그 힘을 본인의 긍정적인 꿈과 목표에 담아내는 것이다. 목표에 도달하기 위한 계획이나 방법을 찾게 될 것이고 실행하게 될 것이다. 그리고 본인의 이성이 욕망을 제어하고 억제하게 된다면 창과 방패를 얻게 되는 셈이 된다. 누구보다 큰 욕망으로 여러분 앞의 모든 것을 무찌르고 헤쳐 가며, 무엇으로도 뚫을 수 없는 이성을 갖게 되었을 때, 부자와 성공한 사람이 되는 것은 말 그대로 시간 문제일 것이다. 코치도 처음에는 욕망으로 시작할 수 있었다. 부자가 되고 싶다는 욕망 그리고 그 욕망이 채워지면서 더 큰 욕망으로 변해 계속해서 일하게 했다. 그리고 다양한 지식과 경험으로 이성을 갖고 욕망을 제어하기 시작했다. 욕망만을 채우려 했다면 어떤 불법적이고 나쁜 일을 했을 것이다. 하지만 우리는 모두가 이성을 갖고 있으므로 그런 범죄를 일으키지 않는 것이다. '이성적 판단'이라는 것을 하고 사회 법규로 정해진 내에서 행동하는 것이다. 무엇인가를 갖고 싶다, 소유하고 싶다, 이루고 싶다 등의 욕망을 계속해서 품다 보면 두 가지 현상이 일어난다.

첫째, 가질 수 없다는 것에 대한 자포자기

둘째, 가지려면 어떻게 해야 하는지에 대한 생각

대부분이 첫 번째 선택지인 자포자기를 고르기 때문에 욕망을 채우지 못하고 그 욕망을 채우기 위해 작은 것에 대한 반복적인 소비를 한다. 본인의 욕망을 채우기에는 모자라지만 무언가를 소비하고 소유함으로써 얻는 짧은 쾌락으로 충족하려 한다. 하지만 분명한 건, 아무리 많은 소비와 소유를 해도 본인이 원하던 그것이 아니므로 만족하지 못한다.

둘째, 본인의 욕망을 채우고 이루려 어떻게 해야 하는지 고민한다. 모든 사람은 첫 번째보다는 두 번째 생각을 먼저 한다. 그리고 대부분이 답이 없다는 결론을 내린 후 자포자기하는 것이다. 생각을 반복하다 보면 포기하게 되고, 대안이라고 생각하는 작은 소비의 반복이 시작된다. 결국, 그것은 여러분의 절제력을 없애고 현재 가진 자본까지 허비할 것이기 때문에 다시 마음을 먹고 돌아갔을 때는 더 멀고 험한 길이 될 것이고, 반복적인 결과 때문에 절대로 이룰 수 없는 상황에 부닥칠 수밖에 없다. 자포자기는 이 악순환으로 인해 생기는 것이다.

하지만 누군가는 계속해서 고민하고 생각하고 실행해서 앞으로 나아갈 것이다. 그리고 실제로 그것들을 채우는 사람들이 있다. 그리고 욕망도 채우며 자유도 얻게 된다. 어려운 것이기 때문에 많은 사람이 부자와 성공한 사람들을 보고 '경외'하는 것이다. 경외한다는 것은 공경하면서 두려워한다는 말로, 부럽고 대단하다고 생각하지만 그들의 마음이 얼마나 강하고 대단한지 알기 때문에 두려워하는 것이다. 그리고 '동경'의 대상으로 그들을 대한다.

욕망을 채우기 위해 그리고 그것에 도달하기 위해 경외하며, 동경의 대상이 있다는 것은 아주 좋은 것이다. 눈으로 볼 수 있는 가까운 거리에 그들이 있다면 여러분은 그들과의 '거리'를 확인하게 될 것이고, 그들처럼 되고 싶다는 그리고 그들의 부와 자유를 갖고 싶다는 욕망이 더욱 증폭될 것이다. '저 사람도 하는데 나라고 못 하겠어?', '저 사람도 나랑 똑같은 사람인데 나도 마음만 먹으면 할 수 있지.' 등 좀 더 긍정적으로 생각할 가능성이 크다. 그리고 더욱 구체화하게 될 것이고, 그것에 도달하려는 방법을 찾을 가능성도 크다.

코치도 처음엔 그저 '부자가 되고 싶다.'라는 막연한 욕망만 있었다. 그리고 그것을 구체화하기 위해 부자가 되면 하고 싶은 리스트들을 작성했고, 그것을 이루려면 어떻게 해야 하는지 고민하기 시작했다. 하지만 역시나 처음엔 어떻게 해야 할지 무엇부터 해야 하는지 방법을 알지 못했고, 코치는 세계 여러 나라에 있는 부자들의 삶과 그들이 어떻게 부자가 되었는지에 대한 저서들을 읽기 시작했다. 대부분이 '자기계발서'로 수많은 책을 읽다 보면 한결같이 본인만의 '무기'를 하나씩은 갖고 있었다. 코치가 이 책에서 다루는 여러 가지 항목들에서 여러분의 주력이 될 무기 하나만 얻어도 충분히 지금보다 월등히 나은 삶을 살 수 있을 것이라 확신한다. 코치가 경험한 바에 비유해서 수입으로만 따지면 분명 두 배 이상의 수입이 생길 것이다.

책만 읽고 실천하다 보니 어느 순간 막연함에 막히는 구간이 생기게 된다. 그래서 코치는 부자와 성공한 사람이라 생각되는 사람들의 강연을 찾아가 듣고 욕망을 활활 불태운다. 여러분의 욕망을 계속해서 유지하고 그것을 이루려 한다면 욕망의 불씨를 꺼트려서는 안 된다. 작은 쾌락을 맛보다 보면 그것에 현혹되어 욕망의 불씨가 점차 사그라진다. 여러분이 지금 갖고 싶고, 소유하고 싶은 그리고 하고 싶은 것에 대한 욕망을 이루기 전까지 계속해서 욕망에 기름을 들이부어 더 크고 화려하게 활활 타오를 수 있도록 해야 한다. 대표적으로 부자와 성공한 사람들이 일기를 쓰거나 목표로 정해 놓은 것들을 지갑에 넣어 두거나 책상 앞에 붙여 놓는 이유 또한 이와 비슷한 이유다. 욕망은 줄어들지 않으며 계속해서 새로운 욕망을 추구하기 때문에, 본인이 원하는 그것에 대해 눈앞에 그리고 계속해서 글로 써 가며 그것을 추구하는 것이다. 여러분이 욕망을 어떻게 사용하느냐에 따라 그리고 그 욕망을 얼마나 크게 유지하느냐에 따라 원하는 것에 빠르게 도달할 수도, 아예 이루지 못할 수도 있다. 욕망을 긍정적으로 활용하여 결국 원하는 것을 손에 넣어라. 그리고 계속해서 추구하고 계속해서 원하는 것을 향하다 보면 어느 순간 여러분은 지금보다 훨씬 쉽게 원하는 것은 무엇이든 얻는 사람이 되어 있을 것이다.

02
레버리지

　레버리지는 '지렛대 효과'라고도 한다. 타인의 자본을 지렛대처럼 이용하여 자기자본의 이익률을 높이는 것을 뜻한다. 많은 부자는 레버리지를 당연하게 사용하고, 레버리지를 하지 않는 것을 바보라고 생각한다. 맞는 말이다. 재테크 분야에 있어서 '레버리지'를 사용하지 않은 채무언가를 한다면 그만큼 시간이 오래 걸릴 것이고, 시간이 오래 걸리는 만큼 화폐의 가치는 하락할 것이고, 자산의 상승으로 인해 소유하는 것이 불가능할 수도 있다.

　레버리지라는 것을 어렵게 생각하지 않아도 된다. 여러분이 만약 집을 매매한다고 가정해 보자. 여러분에게 5천만 원이 있다. 그리고 여러분이 매매하고 싶은 집은 1억 원이라고 가정한다. 1억 원 중 모자란 5천만 원은 은행에서 대출하는 것이다. 물론 은행은 여러분에게 5천만 원을 그냥 빌려주지 않는다. 집을 담보로 잡고 매달 5천만 원에 대한 이자와 원금을 납입하는 조건으로 돈을 빌려준다. 이렇게 된다면 여러분은 5천만 원으로 1억 원의 가치를 지닌 자산을 소유하게 된 것이다. 만약 내가 은행에서 돈을 빌리지 않고, 2년 뒤 나머지 5천만 원을 더 모아 1억 원을 만든 후 집을 구매하고자 한다면 이미 그 집의 가격은 1억 3천만 원이 되어 있을지도 모른다. 왜냐하면, 내가 자금을 모으는 2년 동안 돈의 가치는 하락했기 때문이다. 결국, 돈의 가치는 하락하며 자산의 가치를 돈의 가치 하락에 수렴하여 그 이상의 금액으로 거래될 것이다.

레버리지는 재테크에만 존재하는 것이 아니다. 우리의 '시간'에도 레버리지를 활용할 수 있다. 세상에서 가장 소중한 것은 바로 우리의 시간이다. 똑같은 24시간을 보내는데도 누군가는 수없이 많은 일을 처리하면서 가치를 만들 것이고, 또 누군가는 그냥저냥 흘려보낼 것이다. 대한민국의 국민 대부분은 아주아주 열심히 살고 있다. 세계적으로 우리나라 사람만큼 열심히 일하는 사람들은 드물다. 이렇게 열심히 일하고 살아가는데 우리 모두 부자가 되지는 못한다. 왜냐하면, 열심히'만' 일하며 살기 때문이다. 우리는 재테크에 레버리지를 활용하기보다는 시간에 레버리지를 활용하여 부자가 되어야 한다.

쉬운 예를 들면, 코치가 한 시간 동안 가방 한 개를 만들 수 있다고 하자. 코치가 하루에 만들 수 있는 가방의 양은 열다섯 개가 한계이다. 그리고 그 가방은 한 개에 1만 원에 판매된다고 하면, 코치는 하루에 십오만 원까지 벌 수 있다. 그런데 만약 코치가 직원들을 고용해 가방 만드는 기술을 가르쳐서 한 사람당 가방을 열 개씩 만들게 한다면 코치는 일하지 않고 많은 돈을 벌 것이다. 똑같이 한 시간을 일하더라도 코치 한 명보다는 여러 명의 직원이 더 많은 가방을 만들 테니까 말이다. 여기서 임금 문제를 거론할 수도 있다. 직원 한 명이 하루 동안 10만 원의 가치를 창출했을 때 직원들에게 일당으로 5만 원을 줘야 한다고 가정하면, 코치는 별다른 노동을 하지 않고서도 나머지 5만 원이라는 이익을 얻을 수 있다. 이게 바로 여러분이 회사에서 아무리 열심히 일해도 빠르게 부자가 될 수 없는 이유다. 여러분이 열심히 일할수록 결국 회사 대표님이나 사장님만 부자가 될 것이기 때문이다. 전 세계에 많은 부자 중 직장인인 사람은 아마도 없을 것이다. 대부분이 자신의 분야에서 사업을 한다. 맞다. 사업을 해서 직원들이 '나' 대신 일을 해야 직원들이 일하는 시간만큼 사장님들의 시간은 어마어마하게 늘어난다. 만약 직원 10명이 회사를 위해 9시간을 사용한다면, 그 회사 대표는 하루에 총 90시간이라는 이익을 확보하는 셈이다. 누구에게나 하루 24시간이라는 같은 시간이 주어진다. 그러므로 직원을 고용해 그 사람의 시간을 활용하고, 직원들은 그것의 대가인 일정한 '월급'을 받는 것이다.

100시간을 일하면 황금 한 개를 얻을 수 있다고 가정하자. 나 혼자 100시간 동안 일해서 한 개씩 황금을 얻을 수도 있겠지만, 여러 사람을 고용해 그 사람들의 시간까지 합산해서 황금을 빠르고 많이 얻을 수도 있다. 후자가 바로 '사업'이라고 생각하면 이해하기 쉽겠다.

여러분이 레버리지를 잘 활용하기 위해서는 돈을 잘 활용해야 하고, 더 많은 돈을 벌기 위해 돈을 잘 활용할수록 더 큰돈을 벌 수 있게 된다. 여러분이 한 시간을 일해서 만약 만 원을 번다고 가정해 보자. 이때, 버스는 천 원이지만 목적지까지 한 시간이 걸리고, 택시는 3천 원이지만 30분만 걸린다면 택시를 타는 것이 효과적인 선택이 될 수 있을 것이다. 여기서 오해하는 사람은 없길 바란다. 버스는 타지 말고 택시를 타라는 이야기가 아니다. 시간과 비용에 대해 단순히 예시를 든 것이다. 여러분이 오후 여섯 시에 퇴근해서 이후의 시간에 대해서는 '소득'이 발생하지 않는다면, 퇴근 이후 새로운 '소득이 발생하는 일'을 하지 않고, 소비하거나 단순히 휴식을 위한 시간을 보낸다면, 소비를 줄여 다른 곳에 지출할 수 있도록 버스를 타는 것이 맞는 것이다. 여러분 개인마다 다를 수 있으니 어떻게 활용해야 시간을 잘 활용할 수 있을지는 스스로 판단해 봐야 할 것이다.

이렇게 우리 주변에 그리고 세계에 많은 부자는 레버리지를 활용함으로써 큰 부자가 되었다. 자. 여러분도 고민해 봐야 한다. 계속해서 월급을 받으며 직장생활을 하고, 남을 위해 본인의 시간을 계속 허비해야 하는지.

물론 월급을 받는 것이 나쁘다는 것도 아니며, 무조건 사업이 옳다는 것도 아니다. 사업을 해서 현재보다 적은 돈을 벌 수도 있으며 결정적으로 사업에서 실패를 맛볼 수도 있다. 그러므로 코치가 말한 전문가가 되어야 하며, 대체할 수 없는 사람이 되어야 하는 것이다. 그렇게 된다면 여러분은 본인의 사업을 하면서 리스크 없이 가치를 인정받아 더욱더 많은 월급을 받을 수 있다. 직장인에게 레버리지는 본인의 한 시간에 대한 가치를 높이는 것이라 할 수 있다. 같은 한 시간을 일해도 누군가 만 원을 받을 때 누군가는 3만 원, 5만 원도 받는 사람이 있을 것이다. 만약 지금의 일이 너무나 좋고 직장에 다니는 것이 행복한 사람이라면 자신의 한 시간에 대한 가치를 높일 수 있는 사람이 되어야겠다. 모든 것에 레버리지를 활용하라. 그것이 빠르게 부자가 되는 방법이다.

03
파이프라인

    코치는 저자 버크 헤지스의 《파이프라인 우화》라는 책을 읽었을 때가 아직도 생생하게 기억에 남는다. 5년 전, 비 오는 어느 날 서점에 들러 이것저것 책을 고르던 도중 얇고 작은 도서 하나를 발견했다. 그 작은 도서는 코치에게 수많은 영감을 주었다. 마치 막연했던 무엇이 확증으로 다가왔다. 파이프라인 우화에서는 하루하루를 시간과 교환하는 함정에서 벗어나게 하고 마침내 자유를 선사해 주었다. 파이프라인 우화에서 코치는 '일하지 않아도 돈을 버는 시스템 소득'의 중요성을 배웠으며, 코치가 생각하는 부자와 성공한 사람에게 꼭 필요한 시스템이었다.

    TV에서 유니세프 광고를 보면 많은 아프리카 아이들이 물 양동이를 들고 온종일 걸어 물을 길어 오는 장면이 나온다. 만약 수로 파이프라인이 건설되어 수도꼭지를 만들고 우물을 만든다면 아프리카의 많은 아이는 무거운 양동이를 들고 다니지 않아도 될 것이다. 여러분 모두는 한 달한 달 카드 값을 갚기 위해 또는 한 달의 생활비를 벌기 위해 양동이를 들고 물을 얻으려 하루 종일 걷는 일과 같은 반복된 일상을 살고 있다. 만약 여러분의 생활비가 고정적으로 일하지 않아도 창출된다면 어떤 변화가 생길까? 우선 여러분이 원하지 않는 일을 하지 않아도 된다. 그리고 일을 하던 시간에 새로운 무엇인가를 할 수 있다. 이때 새로운 무언가를 함으로써 지금은 생각할 수 없었던 무한한 가능성과 가치를 찾거나 생산적인 일을 할 수 있게 된다. 파이프라인 우화의 핵심은 바로 이것이다. 파이프라인을 만들어야 하는 이유, 그것은 여러분의 자유와 더 큰 새로운 가치의 변환을 이룰 수 있게 한다. 일하지 않아도 돈을 버는 시스템을 만드는 것은 많은 방법이 있다. 위의 글에서 시간의 레버리지를 활용해서 직원들이 여러분 대신 돈을 벌게 하는 방법, 부동산의 임대소득, 주식 투자로 얻는 배당소득 등이 그러하다. 그리고 코치처럼 출판을 통해 인세를 얻거나, 강의 촬영으로 계속하여 수익을 창출하는 것도 파이프라인이라 할 수 있다. 결국, 여러분의 계속된 노동을 통한 월급이 아닌 한 번의 투자나 노동 그리고 창의적인 지식으로 계속해서 수익의 창출을 일으킬 수 있는 것을 뜻한다.

  코치에게는 아들 둘이 있다. 여덟 살, 여섯 살의 아이들이어서 아이들이 나중에 어떤 꿈을 꾸고 어떤 일을 하게 될지 궁금하다. 하지만 명확한 것은 국·영·수 위주로 공부를 잘하는 아이로는 자라게 하지 않을 것이다. 세상에는 수많은 직업이 있고, 생각하기에 따라서 어쩌면 국·영·수 위주로 공부를 잘하는 것이 더 큰 가능성을 찾는 데 방해가 될 수도 있다고 생각하기 때문이다. 흔히 말하는 '입시'를 위한 공부를 아무리 잘해봤자 좋은 대학에 가는 것이 전부다. 좋은 대학을 나온다면 선택의 폭은 넓힐 수 있을지언정 창의적이고 확장된 생각을 하기는 어렵다고 생각한다. 물론 공부가 적성에 맞고 재능이 있다면 이야기가 달라지겠지만, 오로지 좋은 대학만을 목표로 두고 좋아하지도 않는 공부를 억지로 시키지는 않을 것이다. 오히려 미술, 음악 등에 관심이 있기를 소원한다. 창의적인 사고를 갖고 자란 아이는 이후 새로운 무언가를 창조할 수 있기 때문이다. 아이들 이야기를 하다 보면 정신을 차릴 수가 없다. 그만큼 아이들은 다이아몬드 같은 존재로서 계속해서 다듬어 주고 보살펴 주어야 제대로 그 가치를 표현할 수 있다고 생각한다. 그것이 바로 부모들이 해 주어야 할 일이다. 다시 본론으로 돌아와 미술과 음악은 파이프라인을 만드는 데 아주 큰 도움을 주는 분야이다. 안목이 남달라서 괜찮은 미술 작품을 엄선하여 팔거나 렌트를 한다면, 영감이 뛰어나서 좋은 노래를 만들고 대중이 계속해서 그 노래를 찾는다면 결국, 일하지 않아도 되는 파이프라인을 구축할 수 있다. 코치도 예술적인 감각과 재능이 있었다면 도전해 보고 싶은 분야이다.

예술적인 감각이 없는 코치가 주로 구축한 파이프라인은 출판 후 판매량에 따라 받는 인세, 강의나 강연 촬영을 통한 강의료, 주식 투자를 통해 받는 배당금 등이 있다. 코치가 가장 좋아하는 파이프라인은 바로 '배당금'이다. 많은 투자자가 배당금을 다시 재투자하는 방법을 사용한다. 하지만 코치는 배당금으로 소비하는 것을 좋아한다. 내가 열심히 일해서 번 돈은 계속해서 일하게 하지만, 그 돈이 일해서 새롭게 만든 돈으로는 '소비'를 한다. 사람은 매일 밥만 먹고 살 수 없다. 그래서 가끔은 외식도 하고 사고 싶은 것들도 사며, 새로운 경험을 위해 여행도 다닌다.

그래서 코치는 파이프라인을 구축한 뒤 가장 잘한 일이 나에게 매달 선물을 하는 것이고, 가족들에게 선물하는 것이었다. 돈을 소중히 다루고, 아끼고 모으기만 하는 사람은 결코 사랑받지 못한다. 돈을 버는 이유 중 하나는 소비하기 위해서다. 결국, 부자는 어떤 돈을 사용하느냐에 따라 달라진다고 볼 수 있다. 주식을 통한 배당소득이든, 레버리지를 활용하여 부동산을 사고 그것으로부터 월세 소득을 얻기 위한 투자든 결국 여러분은 본인의 성향에 맞는 파이프라인을 만들어야 한다. 그리고 그 파이프라인을 얼마나 빠르고 크게 만드냐에 따라 여러분이 부자가 되는 시기가 결정될 것이다. 지금 바로 매달 만 원이라도 돈을 벌 수 있는 파이프라인을 건설하자. 분명 여러분은 점차 파이프라인을 넓히기 위해 더욱 열심히 할 것이다. 왜냐하면, 파이프라인에서 나오는 수익은 말로 설명하기 힘들 정도로 너무나 매력적이고 나를 행복하게 만들기 때문이다. 그리고 여러분이 한 달 생활비 정도의 파이프라인을 건설한다면, 부자의 경지에 도달했다고 생각하면 된다. 왜냐하면, 여러분은 이제 일하지 않아도 되는 자유를 손에 얻었기 때문이다. 그 날을 상상해 보라. 황홀하고 행복하며, 자유롭고 평생의 기억에 남는 그런 날이 될 것이다.

04
브랜딩

누군가에게 당신을 계속해서 생각나게 하고, 어떤 일을 할 때 당신을 떠올리며, 그 일을 맡겨야 할 때 당신에게 맡긴다면 여러분은 브랜딩에 성공한 것이다. 코치는 '나이키'의 신발을 매우 좋아한다. 운동화를 구매할 때면 항상 나이키에서 운동화를 구매한다. 물론 신발장에는 아디다스나 리복, 라코스테 같은 다른 브랜드들도 있다. 하지만 정장을 제외한 일상생활에서 코치의 선택은 대부분 나이키 신발이다. 그래서 나이키 신발은 최소 2년에 한 번씩 구매하는 것 같은데 다른 신발들은 언제산 지도 기억이 나지 않을 정도로 오래되었다. 그리고 사용하지 않아 아직도 깨끗한 것들이 신발장에 보관되어 있다. 코치의 마음속에 항상 1등 운동화는 나이키였다. 어릴 적부터도 그랬고 지금도 나이키는 변함없이 코치의 마음에 그리고 사람들에게 1등 운동화로 자리매김했다. 이 정도의 충성 고객을 만든 나이키는 브랜딩에 매우 뛰어난 기업이다. 1~2년 잠깐 사람들의 관심을 받고 다시 사라지는 브랜드들이 엄청나게 많은데, 나이키는 오랫동안 계속해서 사람들에게 신뢰받고 그 가치를 인정받고 있다.

여러 많은 사람과 코치에게 사랑받는 나이키는 단순히 마케팅이나 광고를 잘해서 스포츠 브랜드계의 1등으로 자리매김한 것이 아니다. 계속해서 그 가치를 사람들에게 인정받고 있기 때문이다. 즉, 계속해서 발전된 기술력과 마케팅이 결합하여 사람들에게 신뢰받는 것이다. 사람도 마찬가지다. 다른 많은 사람에게 실력을 인정받고 가치를 인정받더라도, 결국 사람들이 찾지 않으면 여러분은 그 분야의 '뛰어난 전문가'로만 남게 된다. 아무리 기술이나 지식이 뛰어나다고 한들 사람들이 여러분을 찾지 않으면 아무런 의미가 없다. 그리고 레버리지를 하기 위해서도 사람들에게 선택되어야 한다. 즉, 여러분 스스로 브랜딩이 되어 하나의 브랜드로 자리 잡혀야 한다. 사람들이 로고가 새겨진 브랜드를 구매하는 이유는 무엇일까? 단순히 그것이 너무나 좋고 마음에 들어서? 아닐 것이다. 가성비를 생각한다면 아무 로고도 없는 브랜드가 아닌 물건을 구매했을 것이다.

어떤 브랜드를 선택하고 그들이 생산하는 재화를 구매한다는 것 자체에는 '타인이 나를 바라보는 가치'까지 고려하는 심리가 들어 있다. 그래서 명품이 비싼 것이고, 할인 행사 같은 것이 없더라도 사람들이 줄을 서며 사는 것이다. 만약 여러분의 기술이나 지식이 브랜드가 되고, 명품으로서 가치를 인정받는다면 사람들은 여러분의 가치에 수많은 돈을 내고 그것을 구매하려 줄을 설 것이다. 그리고 그것을 위해 우리는 마케팅을 하고 자기 자신을 홍보하며, 가치를 증명하려 노력하는 것이다. 코치가 강의·강연 상담을 처음 시작한 때가 떠오른다. 마음만으로는 벌써 최고의 경지에 올라 사람들이 코치에게 가르침을 받으려 줄 서 있는 모습을 상상했다. 하지만 현실은 강의나 강연을 개최하면 폐강이 되거나 취소되기 일쑤였다. 그리고 그 모든 것은 사비로 메워야 해서 손해만 났다. 하지만 꾸준히 계속해서 코치를 알렸고, 코치의 진심을 많은 사람이 알아주기 시작하면서 조금씩 사람들이 찾아오기 시작했다. 그리고 지금은 굳이 코치가 힘들게 알리려 하지 않더라도 사람들이 찾아온다. 이 모든 것이 바로 코치 스스로 사람들에게 '가치'를 인정받아 브랜딩 되었기 때문이다. 여러분이 브랜드화되는 것을 원한다면 항상 지켜야 하는 것들이 있다.

첫째, 사람들의 기대 이상을 채워 줄 것
둘째, 기술이든 지식이든 바뀌거나 변치 않아야 할 것
셋째, 항상 일관된 진실한 마음일 것
넷째, '돈의 교환' 수단이 아닌 '가치의 선물'이 될 것

여러분이 부자와 성공한 사람이 되기 위해서는 위의 네 가지 사항은 항상 마음속에 새기며 유지해야 한다. 스스로가 변한다면 사람들은 떠나갈 것이다. 잠시 유행 때문에 여러분을 찾을지언정 계속해서 찾지는 않을 것이고, 여러분을 의심하기 시작할 것이다. 그리고 그 의심은 "어쩐지…."라는 말로 시작된 부정적인 말로 끝맺게 될 것이다.

사람들의 기대 이상을 채워 준다는 것은 여러분이 '전문가'로서의 실

력을 갖추는 것을 의미하며, 기술이나 지식이 바뀌거나 변치 않아야 한다는 것은 일관된 그리고 정확한 것만을 제공해야 한다는 것이다. 사람들에게 변치 않는 신뢰를 만드는 것이며, 일관된 진실한 마음이란 자기 자신을 지키고 나아가 사람들에게 믿음을 선사해 주는 것이다. '돈의 교환'이 아닌 '가치의 교환'이 되어야 한다는 말은 사람들의 머릿속에 "돈을 냈으니 이 정도는 당연히 해 줘야 한다. 돈이면 뭐든 된다."라는 생각이 들도록 하지 말라는 것이다. 우리는 결국에 성공한 사람이 되어야 한다. 성공한 사람은 명예로워야 하고 청렴해야 하며, 진실을 이야기하고 사람들에게 존경받아야 하는 존재이다. 여러분의 가치를 돈 몇 푼에 팔아넘기는 행동 따위는 하지 않길 바란다. 돈이 아닌 가치를 선물하는 사람이 되자. 그리고 더욱 많은 사람에게 여러분의 가치를 선물할 수 있도록 브랜딩을 하자.

05
절약과 절제력

　많은 재테크 전문가가 항상 하는 말이다. 처음엔 절약하는 수밖에 없다. 절약하고 모아라. 그리고 시드머니를 불려라. 적은 돈으로 아무리 열심히 투자해 봐야 작은 수익을 올릴 뿐이다. 그러므로 어느 정도의 시드머니를 모아 종잣돈으로 만들고 그 종잣돈으로 계속 투자해서 큰돈을 벌면 부자가 될 수 있다.

　코치도 이 말에 80% 정도는 동의한다. 하지만 일부 동의하지 않는 부분들도 있다. 무조건적인 절약을 통해 종잣돈 모으는 방식은 여러분에게 불행을 안겨준다. 종잣돈을 모으기 위해서는 절약이 필요하다 하지만, 절약과 함께 선행되어야 하는 것은 자기를 위한 경험이 병행되어야 한다는 것이다. 그래서 코치가 처음에도 말했듯이 월급의 10%는 경험에 투자해야 한다. 코치도 무조건적인 절약을 실천했을 시기가 있었다. 어떤 책이나 영상을 보고 실천한 것이 아니라 그냥 돈 쓰는 것이 아까워서 20대 초반부터 결혼 전까지 대부분의 나날이 그랬다. 밥 한 끼 사 먹는 것이 아까워 제일 저렴한 컵라면 하나에 삼각김밥 한 개로 항상 점심을 해결했다. 월급을 받으며 일할 때도 그랬고, 사업을 할 때도 그랬다.

항상 코치 본인에게 소비하는 것을 아까워하고 아끼려고 했다. 다른 사람들이 보면 궁상맞다고 할 수도 있겠지만, 스스로 부끄럽거나 궁상맞다고 생각한 적은 없었다. 왜냐하면, 코치에게는 돈을 모아 해야 할 일들이 있었기 때문이었다. 얼른 내 사업을 하고 싶었다. 그러려면 사업에 필요한 사업 자금을 모아야 했다. 목표한 금액이 있으니 절약할 수 있었고, 목표한 금액에 도달할 수 있었다. 그리고 그 돈으로 사업을 시작해서 훨씬 큰돈을 벌 수 있었다. 천 원짜리 지폐는 쉽게 사용하게 되지만 10만 원짜리 수표는 쉽게 사용하지 못한다. 적은 돈을 모아 뭉칫돈을 만들면 쉽게 사용하지 못하고, 꼭 필요한 용도에 맞게 쓰게 된다. 코치가 종잣돈을 마련할 수 있었던 이유 중 하나는 목표가 있었기 때문이었다. 모든 사람이 절약하면 좋다는 것은 알지만, 무엇을 위해 절약해야 하는지 모르기 때문에 절약이라는 행위를 지속할 수 없는 것이다. "You Only Live Once." 욜로는 현재 자신의 행복을 가장 중시하고 소비하는 태도를 이르는 말로 "인생은 한 번뿐이다."를 외치며 자신의 미래나 타인을 위해 희생하지 않고 지금 당장 삶의 질을 높여 줄 수 있는 것들을 위해 소비한다. 욜로족들은 미래를 생각하지 않기 때문에 목표도 없다. 그렇기에 '절약'이라는 단어와는 거리가 멀다. 이 말은 지금 당장 부자가 아니기에 부자는 될 수 없다는 것처럼 들린다. 코치에게는 응석 부리는 나약한 사람들의 생활 방식으로밖에 보이지 않는다. 코치의 주변 친구 중 스스로 '욜로족'이라며 결혼도 집도 포기하고 본인이 원하는 것들만 계속해서 구매하고 소비하는 친구들이 있다. 아무리 말을 해도 결국엔 "내 마음이다.", "난 이게 좋아."라며, 모아 둔 돈 하나 없이 카드만 여러 장 만들어 카드가 많은 것이 자랑인 양 말하는 사람도 있다. 이제는 말을 하지 않지만 정말 걱정된다. 그리고 점차 중년을 넘어가면 후회할 앞날이 훤하다. 한 번이라도 종잣돈을 모아 그 돈으로 그 이상의 가치 있는 일에 사용해 본 사람이라면 알 것이다. 그런 사람은 절대로 욜로족은 되지 않는다. 오히려 더 크게 모으려 한다. 그리고 절약하는 습관이 몸에 배어 점점 더 큰 종잣돈으로 만들 수 있는 능력이 생길 것이다. 그렇다면 절약을 위해 우리는 어떤 습관을 기르면 좋을까? 코치는 '절제력'을 기르라고 한다. 절약은 처음 너무나도 힘들고 고통스럽다. 먹고 싶은 것도 많고 사고 싶은 것도 많으며 하고 싶은 것도 넘쳐나는 지금 시대에, 그 모든 것들을 본인 뜻대로 하지 못하고 사는 삶은 너무나도 견디기 어렵다. 그래서 여러분은 절제력을 키워 본인의 욕구가 최고치에 이르기 전에 미리 그 마음을 다잡아야 한다. 절약과 절제력은 다르다고 생각할 수도 있지만 절약하는 습관이 배기 전까지는 매우 관련되어 있다. 사고 싶은 것을 생각하고 그것을 소유한 본인의 모습을 상상하며 결국 굳이 당장 필요하지 않은데도 많은 돈을 들여 소비하게 한다. 만약 사고 싶은 것이 있을 때 그 순간을 지나치고 다른 생각을 한다면 그리고 상상하지 않는다면 그것을 그렇게까지 미치도록 사고 싶지 않을 것이다. 절제력을 키우는 데 아주 쉽고 간단한 방법은 그 순간을 회피하는 것이다. 그 상황과 공간을 바꾸는 것도 아주 큰 도움이 된다. 다이어트를 할 때 음식을 먹고 후회한 적이 다들 한두 번은 있을 것이다. '괜히 먹었다, 별로 배도 고프지 않았는데.' 만약 이런 경험을 했다면 그 순간 그 상황과 장소를 변경해서 그것이 내 시야 밖으로 멀어지게 한다면 음식의 유혹에서 벗어날 수 있다. 절제하고 절약하는 삶, 참 재미없고 하기 싫더라도 언젠가 도달할 여러분의 '그것'에 잠시 양보하자. 그 삶이 그리 길지는 않다. 그리고 도달하게 된다면 행복한 삶은 훨씬 길다는 것을 코치가 약속한다. 누구나 처음이 있고 시작이 있기 마련이다. 여러분만 해야 하는 것도 아니며 누구나 그래야만 한다. 자신을 불쌍하게 생각하면 불쌍해지는 것이고, 불행하다고 생각하면 불행한 삶이 되는 것이다. 결코 불쌍하지도 불행하지도 않은 것이고, 어쩌면 당연한 인생에 있어 아주 잠깐 견뎌야 하는 시기일 뿐이다. 여러분에게 부자와 성공한 사람이 되기 위한 첫 시련이라 생각하면 좋겠다. 모으고 불리면 '자유'는 여러분의 것이다.

PART 5

목표 도달 전
주의할 점

모든 큰 실수에는 이를 다시
불러와서 어쩌면 바로 잡을 수 있는
찰나의 순간, 중간 지점이 존재한다.

- 펄 벅

코치도 목표를 향해 레이스를 펼친다. 레이스에는 중간에 목을 축일
수 있는 급수처도 있고, 현재 어느 위치까지 달려왔는지 표지판도 있다.
코치가 레이스 중에 했던 실수와 고난들을 여러분에게 공유하려고 한
다. 만약, 여러분도 이러한 상황을 겪는다면 얼른 다시 트랙 위로 복귀할
수 있게 도움을 주는 안내자가 되기 위해 경험담을 들려주고 싶었다.

01
좋은 습관, 나쁜 습관

> 습관은 인간으로 하여금 어떤 일이든 하게 만든다.
>
> — 도스토옙스키

> 습관은 최고의 하인이거나 최악의 주인이다.
>
> — 대니얼 에먼스

좋은 습관은 결국에 우리에게 원하는 바를 이루는 '성공'을 이루게 해준다. 반대로 나쁜 습관은 점차 우리에게 처참한 미래와 '실패'를 만들어준다. 누구나 습관에 대한 어떠한 행동들이 결과로 나타나 미래를 결정하게 된다는 것을 알고 있다. 그래서 코치도 학생들에게 좋은 습관을 갖추도록 많은 방법을 제시한다. 그래서 학생들은 많은 방법을 나열한다.

- 새벽 기상하기
- 아침에 일어나 운동하기
- 핸드폰 보지 않기

- TV 시청하지 않기
- 하루 책 100페이지 읽기
- 일기 쓰기
- 목표 소리 내어 100번 말하기

위처럼 수많은 좋은 습관들을 나열해 나간다. 그리고 코치는 학생들에게 이런 습관들을 어떻게 알게 되었고, 실현한다면 어떤 것들이 본인에게 도움이 될지 물어본다. 그럼, 대부분은 어떤 부자나 성공한 사람들이 이런 습관을 갖고 있었다고 한다. 그리고 이 습관을 갖추면 본인이 자기계발 할 수 있는 시간도 많이 생기고, 자기관리도 잘 할 수 있는 계획된 삶을 살 수 있을 것 같다. 이런 비슷한 소리를 한다. 하지만 대부분이 실패한다.

코치는 습관의 중요성을 알게 한 이후에 학생들에게 본인에게 맞는 습관을 찾는 것을 추천한다. 어떤 사람이 어떤 습관으로 성공했다는 것이 중요한 것이 아니라. 결국에 어떤 방식의 습관을 몸에 익히고 그것을 활용해 자기계발과 자기관리를 했다는 것이 중요하다. 쉽게 설명하자면, 부자와 성공한 사람들은 결과적으로 '자기 시간'과 '집중할 시간'을 만들었다는 것은 맞으나, 방식은 다르다는 것이다. 우리가 모두 알고 있는 '미라클 모닝'은 새벽에 남들보다 일찍 일어나 일상생활을 시작하기 전 공부, 독서, 운동 등을 하면서 하루의 계획을 정리하며 알찬 하루를 보내는 것이다. 실천만 한다면 매우 훌륭하고 대단한 성과를 낼 수 있는 습관이다. 하지만, 새벽에 기상하는 것이 너무나 힘들고 괴롭고 오히려 시간을 허투루 사용하게 되며, 하루 종일 피곤함에 집중할 수 없다면 이 방식은 본인에게 맞지 않는 방식이 될 수 있다. 누군가에게는 분명 좋은 습관이 될 수 있지만, 누군가에게는 오히려 독이 되는 나쁜 습관이 될 수 있다.

사람은 모두가 다르다. 어떤 사람은 네 시간만 자도 충분히 피로를 풀 수 있는 사람이 있고, 어떤 사람은 일곱 시간을 자야 피로가 풀리는 사람이 있다. 혹은 그 이상의 시간을 숙면해야 컨디션이 최고에 이르는 사람이 있다. 이렇게 사람은 모두가 같을 수 없는데 어떤 사람이 어떤 습관으로 부자와 성공한 사람이 되었다고 해서 그 방법이 여러분에게 모두 맞는 방법이 될 수는 없다. 다만, 시도는 해 보아야 한다. 힘들 것 같다며, 시도조차 하지 않는다면 그것은 변명에 불과하다. 이미 부자와 성공한 사람에 도달한 사람들이 해 보았던 그리고 실천 중인 습관들을 여러분에게 한 달 이상 충분히 대입해 보아야 한다. 사람은 적응하는 동물이다. 한 달 정도면 어떠한 습관이던 충분히 적응할 수 있다. 적응했지만, 효율성이 떨어진다면 여러분에게 이득이 되지 않는 습관인 것이다. 아침잠이 많은 이들에게는 차라리 밤에 시간을 정해 놓고 자기 시간을 갖는 것이 효율적일 수 있는 것이다. 코치가 그렇다. 새벽 기상을 위해 여러 번 시도했지만, 효율이 떨어졌다. 오히려 코치는 평일 저녁 다른 사람들과의 약속을 잡지 않는다. TV를 보지 않는다. 오후 10시부터 새벽 1시까지는 자기계발 시간을 갖는 등 늦은 시간을 이용하는 것이 아침 시간을 활용하는 것보다 효율적이었다. 코치처럼 아침에 충분히 잠을 자고 차라리 늦은 시간을 활용하는 것이 좋은 사람도 있을 것이다. 습관이란 결국에 자기 시간을 확보하거나 '집중할 수 있는 시간'을 확보하는 것을 뜻하고, 그것이 쌓여 미래에 큰 결실을 볼 수 있게 하는 행동들을 의미한다. 한 가지 습관의 예로서 아침 기상에 관해 이야기했지만 모든 습관이 그렇다. 모든 사람에게 예의 바르고 친절하며 적을 만들지 말라는 진리에 가까운 행동들의 습관들도 우리가 잘 아는 알고 있는 '스티브 잡스'에게는 통용되지 않았다. 전반적으로는 성공한 CEO였지만, 인간관계면에서는 실패했다는 것이 대부분의 의견이다.

예시가 적절하지는 않았지만, 코치는 극단적인 것에 대해 알려 주고 싶었다. 모든 부자와 성공한 사람들이 같은 습관으로 또는 비슷한 행동들로 성공한 것은 아니라는 것. 그러므로 여러분은 도서나 강연자에게서 듣는 습관들의 방법에 대해 맹신할 필요 없다는 것을 알려 주고 싶다. 위에서도 코치가 이야기했듯이 본인이 부자와 성공한 사람이 되고자 한다면, 본인에게 맞는 습관들을 찾는 것이 우선이 되어야 한다. 그리고 계속해서 변하는 게 없는 것 같더라도 쌓아 나가야 한다. 그것이 쌓여 결국에는 변화할 것이다. 본인만의 습관을 만들고 그것을 무기 삼아 이룬다면 후대에 누군가는 다시 여러분의 습관을 따라 할 것이다. 그리고 그 누군가는 다시 반복해서 부자가 되고 성공한 사람이 될 것이다.

코치가 하는 일은 바로 이런 사람들을 계속해서 만들어 나가는 것이다. 부자와 성공한 사람들을 많이 만들어 내는 것 그리고 계속해서 발전해 나갈 수 있도록 지지자가 되는 것. 여러분만의 좋은 습관을 발견해서 계속해서 실천해 나갈 수 있기를 바란다.

02
안정감에 현혹되지 말자

PART. 1 부자와 성공한 사람의 로드맵에서 알-애벌레-번데기-나비-호랑나비로 여러분이 진화해 나가야 하는 단계를 나열했었다.

이 책을 읽고 있는 대부분 여러분은 애벌레 단계일 것이고, 이후 노력의 결실로 번데기 단계에 들어서는 전문가가 될 것이다. 그리고 더욱더 피나는 노력을 한다면 나비로 진화에 성공할 것이고, 자유로워질 것이다.

코치는 번데기 단계를 너무나 오래 겪었다. 애벌레에서 번데기로의 단계를 순식간에 거쳐 번데기 단계를 10년 넘게 버텨 냈고, 어느 순간 나비로 진화에 성공하고 다시 번데기로 돌아갔던 경험이 있다. 코치의 20대는 치열한 삶의 연속이었다. 누구보다 부자와 성공을 꿈꿨고, 계획하며 한 단계씩 성장해 나갔다. 그리고 사업을 하고, 강의와 강연을 하며 해당 분야에서 누구나 인정하는 전문가가 되어 활동했다. 그리고 나비가 되어 이제는 다른 사람들이 도움을 받기 위해 찾는 존재가 되었다. 특별한 노력 없이 항상 스케줄은 가득했으며, 그에 따른 수입도 점차 커졌다. 코치가 이렇게 20대를 치열하게 살게 된 이유는 사랑하는 사람이 생겼고, 그 사랑하는 사람과 함께하고 결혼을 위해서는 직업과 돈이 필요

했다. 스물두 살, 아무것도 없는 평범한 남학생이 사랑을 위해 단 1년 만에 다른 사람들에게 강의할 수 있는 전문가로 거듭나게 되었고, 사업을 하게 되었다. 힘들었지만 스물여덟 살에 꼭 결혼한다는 목표가 있었고, 그 목표를 향해 피곤함도 모른 채 나아갔다. 결론적으로 1년을 앞당겨 코치 나이 스물일곱 살에 결혼이라는 목표를 이루게 되었다.

이후 행복한 나날을 보내고, 사랑하는 사람과 함께 오래 같이 시간을 보내고 싶다고 생각했다. 하는 사업과 일들은 모두 잘 되고, 사랑하는 사람과 함께 하니 이 이상 바랄 게 없었다. 매달 사용하고도 남을 만큼의 충분한 돈을 벌었으며 경제적으로 아무런 불만이 없었다. 코치는 스물세 살부터 항상 매달 1천만 원 이상의 순수익을 얻었고, 사업을 할수록 수입은 더 커졌다. 다행히 코치는 비싼 명품이나 외제차를 좋아하지 않았고, 가성비를 중요시하는 성격이었다. 수입과 비교하면 소비는 많지 않으니 돈에 대해서는 크게 신경을 써 본 적이 없었다. 결혼 후 첫째 아이가 태어나 행복은 더욱 커져만 갔고, 코치는 큰 결심을 했다. 현재 운영 중인 사업 대부분을 정리하고 모든 직원을 떠나보낸 뒤, 혼자만의 작은 사무실을 운영하며 좀 더 많은 시간을 가족과 함께하겠다는 결심이었다.

코치의 생각은 크게 틀리지 않았다. 사업을 정리하고 직원들 없이 강의나 상담을 하며 저녁에는 가족들과 함께 하는 삶이 행복했다. 당시에 미래에 대한 생각은 없이 현실에 대한 행복과 안정감에 흠뻑 취해 있었던 것이다. 수입은 현저히 줄어들었지만 크게 상관없었다. 한 달에 생활비로 400만 원만 가져다주면 되었고, 혼자 프리랜서 강사로 활동했지만 매달 500만 원 이상의 수입은 안정적으로 들어왔으니 이것으로 좋다고 생각했다. 집도 있고, 편안한 대형 자동차도 있었다. 먹고 싶은 것은 먹을 수 있는 행복과 게다가 사랑하는 가족들과 함께 하는 시간을 원한다면 얼마든 보낼 수 있다는 안정적인 삶과 행복한 느낌 당시의 모든 순간이 최고의 순간이라 할 정도로 만족했다.

하지만 그런 기분은 2년이 채 가지 못했다. 첫째 아이가 점차 커 가고, 둘째가 태어나며 지출하는 생활비도 증가했다. 코치는 깨닫지 못하고 있었지만, 점점 아이들에게 사용하는 비용이 늘어나고 있었으며 벌어들이는 수입을 대부분 사용해야 하는 경우도 생기게 되었다. 20대에 한 번도 생각해 본 적이 없던 '돈의 부족함'을 생각하게 되었다. 물론 매달 버는 수입이 결코 적은 것은 아니었다. 하지만 원하는 것을 하면서 해줄 수 있는 모든 것들을 가족들에게 해 주고 자유라는 단어를 사용할 정도의 충분한 금액은 아니었다. 코치의 삶에서 자유, 생활의 안정, 행복을 위해 사업과 모든 노력을 포기했는데 무언가 방법이 옳지 못했다고 스스로 인정할 수밖에 없었다.

만약 이런 상황이 계속 지속된다면, 돈으로 인한 불행이 몇 년 안에 시작되어 걷잡을 수 없을 것을 예상할 수 있었고, 아이들과 코치의 미래가 좋지 못할 것이라는 생각을 하게 되었으며, 이후 어쩔 수 없는 상황에 부닥쳐 결국 지금의 행복은 깨질 수밖에 없겠다는 생각이 들었다. 만약 이런 상황에서 여러분이라면 어떻게 했겠는가? 소비를 줄여서라도 당시의 상황을 좀 더 만끽했겠는가? 아니면 다시 사업을 시작해 가족들과 보내는 시간이 적어지더라도 수입을 늘리겠는가? 코치에게 있어 가족과의 행복한 시간은 무엇과도 바꿀 수 없는 소중한 것이다. 가장 소중한 것을 뽑으라고 한다면 주저 없이 '가족'일 것이고, 코치가 시간을 들여 일하는 가장 큰 이유이기도 하다.

코치의 선택은 사업을 통한 수입의 다각화가 아닌 전문가로서의 영향력을 더욱더 높여 1인 기업가로서의 브랜딩을 하는 것이었다. 당시에도 다시 사업을 시작한다면 충분히 예전만큼의 수입을 얻을 수 있었다. 하지만 코치는 사업을 하지 않았다. 왜냐하면, 사업을 다시 예전처럼 안정화하기 위한 시간과 노력이 필요할 것이고, 그건 결국 코치가 생각하는 돈을 버는 행위에 대한 가치와 이유가 변화되는 것이기 때문이었다. 고민 끝에 내린 해답은 지금 하는 일의 가치를 좀 더 높여 더욱 많은 사람이 코치를 찾게 하는 것이었다. 비유하자면 예전 코치의 무기는 사업을 통해 유통 도·소매 컨설팅, 상담, 강연, 강의 등 다각화된 수입을 얻었다. 수많은 가시를 가지고 있는 고슴도치의 형태였던 것이다. 그러나 1인 기업가로서의 브랜딩이란, 무기는 단 하나밖에 없지만 같은 시간을 일하더라도 더욱 높은 가치를 인정받을 수 있는, 치명적인 말벌의 침 같은 강력한 무기를 갖는 것이었다. 그리고 많은 생각을 하면서 깨닫게 되었다. 코치의 목표는 더욱더 멀리 있다는 것을. 열심히 뛰다가 수분 공급처에서 물을 마셔보니 나도 모르게 앉아서 쉬고 있었고, 왜 뛰고 있었는지를 까맣게 잊고 있었던 것이다.

여러분이 전문가가 되고 나비가 되었을 때 그 상황에 만족감을 느끼고 안정감에 취해 멈추려 할 때 미래에 대한 준비가 되어 있어야 한다. 그리고 미래에 대한 준비에 대해서는 파이프라인이 준비되어 있어야 하고, 비상사태를 대비할 무언가를 갖고 있어야 하며, 혹여 일어날 어떠한 상황에서도 대처할 대처 방안이 존재해야 한다. 그리고 명심해야 하는 가장 큰 하나는 안정감을 느끼는 그 순간, 그곳이 결코 여러분의 목표에 대한 골인 지점이 아니라는 것을 인식해야 할 것이다.

03
감사하는 마음

당신이 많은 것에 감사하는 마음이야말로 이 많은 것을
지속시키는 최고의 보험이다.

- 무함마드

어느 정도 궤도에 오르다 보면 본인이 최고라는 무지한 생각이 마음을 지배한다. 흔히 당대 최고의 연예인들이 한순간의 실수로 사람들에게 잊히는 것들 모두 방법은 다를 뿐, 같은 맥락이라고 본다.

여러분의 판단과 실행이 결과를 만들어 내고 이후 작은 자유를 맛보았을 때 겪는 일들이다. 작은 성공은 여러분이 새로운 시험에 들게 만든다. 이후 시험을 통과하게 된다면 더 큰 자유와 본인이 추구하는 것에 가까워질 수 있다. 많은 성공한 사람들은 '감사'의 위력을 알고 있었다. 아인슈타인, 간디, 마더 테레사, 마틴 루터 킹, 달라이 라마, 레오나르도 다빈치, 플라톤, 셰익스피어, 링컨, 뉴턴, 아인슈타인 등등 셀 수 없이 많은 성공한 사람들이 감사에 대해 깊은 철학을 가졌으며, 각각의 여러 종교에서도 결국엔 '감사하는 마음'에 대해 공통적으로 이야기한다.

부를 추구하기 위해서는 본인 이외에 다른 사람들의 자본이 본인에게로 넘어와야 하며, 성공한 사람이 되려면 다른 사람들에게 인정을 받아야 한다. 결국에 혼자서 이루어지는 것은 없다는 것이다. 세상에 태어나서부터 지금까지 코치를 포함한 여러분 모두는 다른 사람들에게 도움을 받아 왔다. 어쩌면 당연하다고도 할 수 있는 '감사하는 마음'에 무관심했다. 부모님이 주시는 사랑, 연인이 주는 사랑, 친구 동료들이 관심 가져주는 애정 등의 마음이 당연한 것이 아닌 '감사한 일'이며, 이를 소중히 해야 한다. 코치가 가정을 꾸리고 아이를 낳고 보니 여러 매체에서 하는 이야기가 실감이 났다. 아이를 낳기 전에는 몰랐지만 아이 낳고 보니 부모님의 사랑이 너무나 감사하고 소중한 것이라는 것. 결혼 전보다 아이를 낳고 어머니에게 더욱 안부 전화도 많이 하고 친근하게 대한다. 그전에는 모르고 있었던 부모님에 대한 감사하는 마음을 이해하게 된 것이다. 여러분의 일에 관해서도 마찬가지다. 여러분의 고객이나 같이 근무하는 직장 동료, 직원들에게 감사하는 마음을 갖는다면 그들에게 자연스럽게 진심이 전해질 것이고, 그들은 더욱더 여러분을 이롭게 할 것이다. 결국, 감사의 마음은 본인에게 긍정적인 효과로 돌아오게 되어 있다.

코치가 사업을 하던 20대 중반, 그때는 감사에 대해 생각해 본 적도 없었다. 내가 열심히 했고, 그에 관한 결과가 매출로 나오며 매달 얻는 수입에 어쩌면 건방졌을 수도 있는 태도가 계속되었다. 하루는 지금의 아내, 당시의 여자친구가 화가 난 말투로 이런 말을 한 적이 있었다.

"당신은 본인밖에 모르지? 주변 사람은 보이지도 않는 거 같아. 세상 돈은 혼자 다 버는 것 같지? 당신이 바뀌지 않으면 우리 오래가기 힘들어…."

이렇게 매서운 말을 하는 것은 그때가 처음이자 마지막이었다. 그리고 당시에도 나에게 이런 말을 하리라는 것은 생각조차 하지 못했었다. 너무나 사랑하는 사람이 나에게 어떻게 이런 말을 하는지 용납되지 않았다. 그리고 무엇보다도 열심히 하는 이유가 본인과의 결혼을 위한 것이었는데 왠지 배신당한 느낌도 들었다. 화도 나고 어찌할 바를 몰랐지만, 다시 차분히 생각을 정리하고 나니 코치에게 왜 이런 말들을 했는지 알게 되었다. 결국에는 '감사하는 마음'이 전혀 없던 것. 돈 좀 벌더니 건방만 늘어나고, 상대방에 대한 배려는 없어진 것에 대한 직설적인 말이었다.

이후 한참이나 지금의 아내와 이야기했었던 경험이 있다. 지금에 와서는 누구나 코치에게 "매너 있다.", "예의 있다.", "친절하다." 등의 이야기를 한다. 코치 스스로 말하기는 뭐하지만, 사실 이제는 몸에 밴 것 같다. 코치에게는 이제 당연한 것들이 다른 사람들에게는 좋게 느껴지는 것 같다. 코치에게 몸에 배 있는 이런 친절함이나 매너들은 상대방에 대한 감사한 마음에서 나온다. 나를 찾아 주어 감사하고, 나에게 이윤을 주어 감사하고, 나에게 돈을 주면서까지 배움을 얻으러 왔는데도 다시 코치에게 감사하다는 말을 해 주어 또 감사하다.

감사한 마음이 늘 있다면, 자연스럽게 '행복'도 공존한다. 감사한 마음에 평화가 있고, 그 평화로움은 바로 행복함을 느끼게 만든다. 행복이란 큰 게 아니다. 그리고 돈, 명예, 권력, 자유 등의 얻기 힘든 것들이 있어야 행복함이 있는 것이 아니다. 오히려 많은 것을 가진 자들이 갖기 힘든 것이 바로 행복일 수 있다.

결국 감사한 마음이란, 남을 위해서가 아닌 본인을 위해 실천해야 하는 필수 요소 중에 하나라고 생각해야 하며, 그러기 위해서는 여러분 주위의 사람들에게 먼저 고맙다, 감사하다, 사랑한다 등의 말로 표현하기를 바란다. 표현하지 않으면 상대방은 알 수가 없다. 그리고 그러한 말들과 행동들은 여러분을 행복하게 만들어 줄 것이다. 그리고 부자와 성공한 사람이 되기 전부터 이런 감사한 마음을 실천해서 결국에 목표한 바를 이룬다면 부와 명예 그리고 자유와 행복 등을 모두 이룬 사람이 될 것이 분명하다.

오늘도 코치는 감사하다. 이 책을 읽고 있을 여러분에게 감사하며, 이런 지식을 갖게 된 것에도 감사하고, 오늘 지금 이 순간의 자유와 행복에 감사하다.

여러분도 감사한 마음을 갖고 행복해지기를 바란다.

04
본업에 집중!
부업에 많은 시간을 투자하지 말자

　대부분은 일주일 중 주 5일 아침 9시부터 저녁 6시까지 일을 한다. 그리고 그에 대한 보상으로 한 달 동안 일을 했다면, 월급을 받는다. 모두가 그러하듯 월급은 스쳐 지나가고 이것저것 제하고 나면 남는 돈이 없다. 그래서 많은 사람이 '투잡'을 시작한다. 일을 끝마친 뒤 혹은 주말에 본인의 휴식 시간을 반납하고, 월급 이외에 추가로 돈을 벌기 위해 또다른 일을 한다. 코치도 본업 이외에 투잡을 만들었던 적이 있다. 주말에는 오토바이 배달을 하고, 저녁부터 새벽까지 새벽 배송을 하며, 아침에는 직장에 나가 일을 했었다. 당시의 투잡이나 쓰리잡의 목표는 오로지 돈을 많이 버는 것이었다. 대단한 일을 위한 것이 아니라 사고 싶은 것들이 너무나도 많았기 때문이다. 그래서 전역 후 평일에는 투잡을 그리고 주말에는 오토바이 배달 일을 하며 돈을 벌었다. 처음 한 달은 너무나 좋았다. 세 가지 일을 병행하니 약 300만 원 정도의 돈을 벌었다. 당시로 치면 상당히 많은 금액이며, 당시의 최저 시급이 5천 원이 안 되었던 것을 생각한다면 지금의 500만 원 이상이라고 생각하면 된다. 세 가지 일을 병행하고 첫 월급을 받아 평소 사고 싶던 노트북, 시계, 지갑을 샀다. 한 달을 꼬박 일한 뒤 하루도 되지 않아 한 달 생활비 100만 원을 제외하고 모두 사용한 것이다. 친구들에게 월급을 탄 기념으로 한턱내고 집으로 돌아와 씻고 침대에 누워 생각하니 허무하다는 생각이 들었다. 그리고 책상 위에 놓여 있는 노트북과 시계, 지갑을 바라보는데 한 달 동안 있었던 많은 힘든 일들이 떠올랐다. 그리고 일주일 뒤 평일 밤에 했던 새벽 배송 일과 주말에 했던 배달 일을 그달까지 한다는 말과 함께 한 달을 다시 채우고 그만두게 되었다. 그 뒤 평일 저녁 시간과 주말까지 활용해서 1년 동안의 시간에 본업에서 인정받기 위한 공부에 전념했다. 그리고 결국에는 남들보다 빠르게 전문가 대열에 합류하게 되었다. 파트 1에서 이야기했듯, 전문가로서 일하면 같은 일을 하더라도 내 시간에 대한 몸값이 두 배 이상으로 오른다. 그리고 점차 몸값이 더욱 빠르게 올라가는 경험을 했다.

요즘 MZ 세대들에게는 투잡과 쓰리잡이 당연한 일상이라고 한다. 어릴 적 코치처럼 무언가를 소유하거나 소비하고 싶어서, 혹은 더욱 많은 돈을 저축하기 위해서, 혹은 남모를 사정 때문에 등등 많은 사연이 있을 것이다. 몸을 갈아 넣는다고 표현하며, 실제로 휴식 시간은 거의 없이 친구들도 거의 만나지 않은 채 일에 몰두한다. 결국에 이렇게 많은 일을 하는 이유는 지금보다 많은 소득을 얻기 위한 것일 것이다. 코치의 경험상 그리고 주변에 많은 후배와 친구들을 봐 와서 잘 안다. 1년 이상 하지 못한다. 설령 2년, 3년 일을 한다 하더라도 결국엔 몸이 견디지 못한다. 그리고 마음이 견뎌내지 못한다. 24시간 중 노동에만 18시간을 투자하는 생활은 1년 이상 가지 못하고, 억지로 버틴다고 해도 상당히 힘든 일이며 골병든다. 또한, 마음이 견뎌 내지 못한다고 했다. 18시간을 일하고 6시간 잠을 자며 다시 반복되는 노동 속에 자신을 던지는 생활을 반복하다 보면, 감정은 점차 사라지고 정신도 멍해져 무슨 일을 하든 집중을 할 수가 없다. 무엇을 위해 일을 하는지조차 가물가물 해져만 가고, 친구들과 만날 시간조차 없어 마음속에 있는 것들을 풀지 못한 채 결국 외로워지고 지쳐 간다.

코치도 길지 않은 시간이었지만 두 달 동안 쉴 새 없이 일하면서 몸도 마음도 매일 지쳐 간다는 느낌을 받았고, 실제로도 웃음이 많던 코치가 점차 웃음이 사라진다는 이야기를 많이 들었다. 이후 다시 본업에 집중하고 나니 몸도 마음도 그리고 웃음도 원래대로 돌아왔다.

여러분이 투잡과 쓰리잡을 하는 이유가 지금보다 소득을 더욱 높이기 위한 것이라면 방법을 바꿔 보길 권한다. 그리고 장기적으로 코치가 말한 방법이 비교할 수 없을 정도로 훨씬 많은 소득을 만들어 낼 것이다. 여러분도 본인의 분야에서 차라리 더욱 높은 임금을 받을 수 있는 '전문가'가 되는 것이다. 남들이 최저 시급으로 한 시간에 만 원이라는 소득을 벌 때 전문가들은 3만 원, 5만 원, 10만 원이라는 돈을 번다. 그리고 해당 분야의 상위 1%는 한 시간에 100만 원의 대가를 받기도 한다. 비슷한 또래에 동일하게 9시부터 6시까지 일을 하는데 누구는 200만 원을 받으며 일을 하고, 다른 누군가는 500만 원을 받는다는 것을 알고 있을 것이다. 모두가 입을 모아 약속이라도 하듯 이런 말을 한다. 그들은 학벌이 좋으니까, 회사가 대기업이니까. 본인의 분야에서 전문성을 갖춘다면 여러분도 그렇게 될 수 있다. 투잡, 쓰리잡보다 더욱 소득을 많이 올릴 수 있는 방법은 본업에 집중하고, 그 일에 전문가가 되는 것이다.

05
한 가지 일에 집중하자

코치는 성공도 실패도 많이 했다. 그리고 성공보다 실패를 더욱 많이 했다. 수없이 많은 일을 거쳐 지금의 코치가 되었다. 20대에 사업으로 많은 돈을 벌었다. 그리고 밑도 끝도 없는 자신감에 차 있었다. 실패 없이 사업에 성공하고, 많은 돈을 벌었으며, 매달 적게는 천만 원에서 수천만 원의 돈을 벌었다. 그러니 내가 하면 모든 것이 잘 될 것만 같았다. 백종원 님이 TV에서 많은 방송을 할 때 나도 음식점 프랜차이즈 회사를 차려 큰돈을 벌고 싶었고 1억 원의 손실을 맛보았다. 그러고 나서 만회해 보려 세척 사업에 도전하였고 다시 1억 원의 손실을 보았으며, 다른 분야의 새로운 사업을 진행해 또다시 1억 원의 손실을 보았다. 다행인 것은 모두 더 큰 손실을 보기 전에 정리했다는 점이다. 누군가는 끝까지 해 보았으면 잘되지 않았을까 하는 사람도 있겠지만, 지금 다시 생각해 봐도 다행이라고 생각한다. 세 번의 사업 실패는 5년간 새로운 것에 도전한 결과였다. 5년 동안 실패의 쓴맛을 계속해서 보았다. 이 세 번의 실패는 코치에게 많은 교훈을 남겨 주었다. 세 번의 실패에는 공통적인 원인이 있었다.

첫째, 내가 잘 모르는 분야였다.

둘째, 비용을 아끼려 전문가에게 상담 한번 한 적이 없었다.

셋째, 정확한 계획과 목적 없이 당시 잘된다고 하는 사업에 무작정
　　뛰어들었다.

잘하고 있는 사업에 충실하며 더욱 높은 전문성을 부여하고 브랜딩을
해도 모자랄 시간에 당시 잘 된다고 하는 것에 무작정 뛰어들어 손해만
보게 되었던 것이다.

정말 다행인 것은 위의 새로운 사업은 기존 사업을 유지하며 진행했던
것이라 결국 모두 이겨 낼 수 있었다. 만약 코치가 세 번의 사업을 하지
않았더라면 코치가 아닌, 사업가로서 여러분과 만났을 수도 있었을 것
이다. 하지만 코치의 가장 큰 장점 중 하나는 '후회하지 않는다'는 것이
다. 쓰라린 경험이고 힘든 시간이었지만 코치에게 더욱 큰 경험을 주었
기에 좋은 추억으로 남기고 싶다.

코치처럼 한 가지 분야에서 오랜 기간 일을 해 봤던 경험이 있는 사람
이라면, 이직과 새로운 일에 대한 유혹에 쉽게 빠져든다. 매우 매력적이
어서 그 유혹을 쉽게 뿌리치기 힘들고, 계속해서 머릿속에 맴돈다. 지금
아니면 안 될 것 같은 마음이 들고 지금 하는 일이 너무나 하기 싫고 힘
들게 느껴진다. 여러분의 분야가 진정으로 적성에 맞지 않는 일이었고,
어쩔 수 없이 하고 있던 일이었다면, 코치도 새롭게 여러분이 좋아하고
잘할 수 있는 분야로 이직하는 것을 응원한다. 하지만 잘 생각해 보자.

현재 내가 하는 일이 정녕 하기 싫고 적성에 맞지 않는 것인지, 다만 계속해서 반복되는 일에서 어떤 변화를 주고 싶은 것은 아닌지를. 코치가 추천하는 방법은 여러분의 해당 분야에서 좀 더 높은 스킬이 필요로 하는 일을 도전해 보길 추천한다. 취득하기 어려운 자격증을 취득해 본인이 평소 하던 일보다 어려운 프로젝트를 진행해 보고, 현재보다 더욱 어려운 스킬을 연마하는 노력을 하며, 지금의 여러분은 하지 못하지만 다른 상위 능력자는 할 수 있는 일등을 찾아 도전해 본다면 충분히 유혹에서 벗어날 수 있다.

결국, 진정으로 싫은 일을 하던 것이 아니라면 지금의 분야에서 더욱 높은 수준의 전문성을 연마하는 것을 추천한다. 그렇게 된다면 해당 분야에서 새로운 일을 맡을 것이고 새로운 변화가 있을 것이며, 설사 실패한다 하더라도 큰 비용과 시간을 들이지 않았고 다시 도전할 수 있는 경험치를 쌓을 수 있다. 그리고 그러한 경험치가 쌓이다 보면 결국엔 해낼 수 있을 것이다. 한 분야의 전문가가 된다는 것은 여러분이 평생 먹고살 원천이 될 것이기에 그것을 갈고닦는 것이 좋다.

조금씩 잘하는 것이 많은 사람보다는 다른 것을 조금 못하더라도 어느 하나의 분야에서 월등히 뛰어나게 잘하는 것이 더욱 어려우며, 많은 이에게 전문성 있는 사람으로 각인된다.

"한 가지 일에 집중하라."

06
올바른 하나의 방법에 집중하자

코치는 주식 전문가도 아니며 부동산 전문가도 아니다. 하지만 학생들에게 금융에 대해 가르치고, 경제에 관해 이야기하며, 자산 관리와 재테크에 대해 알려 준다. 전문 투자자로서 수익에 의존해 생활하지는 않지만, 매달 벌어들이는 소득으로 재테크도 열심히 한다. 돈이라는 것은 단지 교환 수단의 종류인 것이고, 어쩌면 종이 그 이상의 의미가 없을 수도 있다. 그래서 코치는 돈으로 자산을 산다. 자산은 소멸하지 않으며 자본주의 사회가 사라지지 않는 한 결국엔 우상향하며, 내가 갖고 있던 처음 돈의 가치를 더욱 높여 주기 때문이다.

코치의 재테크는 단순하고 심플하며 쉽다. 1주택자로 거주하며, 매달 같은 날에 주가지수 추종 ETF를 구매하고, 국내의 배당주에 투자하며, 남은 돈으로 시세에 따라 달러나 금을 모은다. 코치 스스로 생각한 포트폴리오를 구성하여 1년에 한 번 리밸런싱을 하는 것이 전부이다. 매일같이 주식 창을 들여다보지 않으며, 등락에 일희일비하지 않는다.

코치의 현재의 포트폴리오의 재테크 방법이 이렇게 정확하게 구성된 것은 얼마 되지 않았다. 코치도 수많은 주식 투자법과 부동산의 분야별 투자 등을 경험했고, 결국 나에게 가장 잘 맞는 방법을 찾아낸 것이다. 배당주 투자, 가치주 투자, 섹터 투자, 레이 달리오 올웨더 투자법, 라오어 투자법, 무한 매수법 등등 수많은 투자법을 공부하고 적용해 보았다. 그리고 ETF도 액티브, 패시브 상관없이 매수해 보고 매도해 보았다. 처음 1년을 공부했을 때 내 주식 계좌에는 레버리지 ETF 포함 20개의 종목이 있었고, 개별 주식으로 10개의 종목을 보유했다. 공격적인 투자는 지양하므로 주식 투자 초기에도 잡주라 불리는 변동성이 큰 종목은 쳐다도 보지 않았다. 이후 여러 가지 공부와 실전을 거쳐 결국 내 계좌에는 ETF 세 종목, 개별 종목 하나만이 남았다. 그리고 이 종목을 매달 꾸준히 적립식으로 투자한다. 또한, 부동산도 아파트 갭 투자 및 상가 투자, 경매 등 많은 공부와 경험을 해 보았지만 결국에는 내가 살고 싶은 집 한 채를 제외하고는 부동산을 소유하고 있지 않다.

코치는 신경 쓰는 것을 매우 싫어한다. 귀찮은 것도 싫어하며, 여러 가지 일을 동시에 처리하지 못하고 한 번에 한 가지 일에만 몰두할 수 있는 사람이다. 그래서 부동산처럼 각종 세금을 신경 쓰며 매번 바뀌는 정책에 대응해야 하는 것이 싫었다. 또한, 주식도 틈만 나면 주식 창을 확인하고 있는 내 모습이 싫고, 주가가 내려가면 떨어지는 이유를, 오르면 오르는 이유에 대해 찾는 것이 싫었다. 마음 편히 안정적으로 재테크를 하고 싶었고, 결국엔 지금의 포트폴리오가 된 것이다. 부동산 상가 투자 대신 배당금 3%를 주는 삼성전자에 투자하며, 월 배당을 주는 ETF에도 투자한다. 배당을 많이 받는 것을 목적으로 하지 않고, 배당이 적더라도 미래에 성장할 가능성을 고려하고 투자를 한다. 사실 연간 배당을 받은 금액이 2,000만 원 이상이면 다시 세금 문제를 신경 써야 하므로 추후 배당 금액이 커지면 바뀔 수도 있겠지만, 현재까지는 삼성전자와 월 배당을 주는 DIA ETF에 투자한다.

이전까지의 재테크를 되돌아보자면, 공부하면 할수록 어떤 게 좋은 것인지 헷갈리고, 이것도 좋고 저것도 좋은 방법인 것 같아 수용하고 수용하다 보니 이도저도 아닌 포트폴리오가 되었다는 생각이 든다. 코치의 재테크 전반에 있어 가장 큰 베이스가 되는 분은 "투자의 귀재 워런 버핏"이며, 주식이든 부동산이든 현재 전체적인 포트폴리오 구성에 있어 가장 많은 영향을 받았다.

> "주식 시장은 인내심 없는 사람의 돈이 인내심 있는 사람에게 흘러가는 곳이다."
>
> "10년 이상 보유하지 않으려면 단 10분도 보유하지 마라."
>
> "투자의 제1원칙: 절대로 돈을 잃지 마라.
>
> 투자의 제2원칙: 첫 번째 원칙을 절대 잊지 마라."
>
> **- 워런 버핏**

이 세 가지의 명언은 코치의 방에 항상 붙어 있다. 주식을 공부할 때 가장 먼저 이름을 들어본 분도 워런 버핏이며 최종적으로 많은 공부와 실전을 통해 나온 해답도 워런 버핏이었다. 물론 위에 제시한 포트폴리오가 100% 정답일 수 없으며, 사람마다 성향이 다를 것이다. 다만, 여러분이 재테크를 하게 된다면 모든 사람의 방법을 수용할 것이 아니라 직접 공부한 뒤 가장 신뢰할 수 있고, 맞는 방법을 제시한 사람의 방법 하나만을 따르는 것을 추천한다. 그리고 어느 하나의 자산에 투자하는 것보다는 다양한 투자 방법을 익혀 시대와 정책에 그리고 경제 상황에 맞는 재테크를 할 수 있는 능력을 갖추길 바란다.

07
위만 쳐다보면 아래에 있는 것을
보지 못한다 그리고 함께하지 못한다

코치도 '워커홀릭'이란 말을 한때 참 많이 들었다. 일이 너무 많아 평일 주말 가릴 것 없이 일했다. 사실 일을 줄일 수도 있었지만, 계속해서 최고가 되고 싶었고 해당 분야에서 활동하는 최고들의 무대에 올라가고 싶었다.

첫째 아이가 5살이 된 해의 여름, 일주일 전부터 계속해서 산에 대해 이야기하고, 꽃과 나비 그리고 벌레들의 이름을 말하며 산에 가고 싶다는 말을 했다. 그래서 주말에 꼭 함께 등산할 것을 약속하고, 정신없는 일주일이 지나 아침 일찍부터 흔들어 깨우는 아들에 이끌려 집 근처 산으로 향했다. 어린 시절 가족과 함께, 초등학교 소풍, 체험학습 등등 정말 질리도록 갔던 뒷동산 같은 곳. 10여 년 만에 그리고 아들과 처음으로 등산을 해 보려니 감개무량했다. 평지를 따라 천천히 오르다 보니 공기도 맑고 새소리와 계곡 물소리도 들리고, 주위에는 온통 풀과 나무들이 우거져 오랜만에 느끼는 상쾌함으로 기분이 좋았다. 아이도 처음 와보는 곳이 신기하고 좋았던지 연신 "아빠! 이것 좀 보세요!", "저것도 보세요!" 까르르 웃으며 행복해했다.

제일 짧고 시간이 적게 걸리는 곳으로 등산로를 선택하고 정상을 향해 출발했다. 끝까지 업어 달라는 소리 없이 땀을 삐질삐질 흘리며 30분 만에 작은 정자까지 올라갔다. 처음 보는 경치에 그리고 혼자 정상에 도착했다는 성취감에 더욱 밝은 미소를 짓는데, 왠지 모를 뿌듯함이 들어 아들과 함께 "야~호~!" 소리쳤다. 등산을 마치고 내려오면서도 아들은 벌레, 풀, 꽃들을 보며 즐거워했다. 그 순간 머릿속에 무언가 스쳐 지나가는 것을 느끼며 그 생각들에 집중했다. 오늘 등산하면서 하늘을 보며 '나무가 높다, 하늘 참 많고 날씨 좋네, 햇빛이 적당하구나.' 이런 생각을 했었는데 한 번도 아래 있던 벌레며, 꽃들을 유심히 본 적이 없었다는 것을…. 그리고 최근 나도 그런 삶을 살고 있지 않았나 생각했다. 내 앞에 있는 작지만 소중한 것들, 그리고 항상 아래에서 기다려 주고 버팀목이 되었던 것들을 생각조차 하지 않은 채 손에 잡히지 않는 머나먼 '위'에 있는 것들만 잡으려고 애쓰는 삶을 살았던 것 같다. 손만 뻗으면 그리고 잠시 허리를 숙이면 그 나름대로 행복하고 소중한 무언가가 많이 존재하는데 그것들은 간과한 채 높은 곳만 올라가려고 했던 것 같았다.

그리고 문득 내가 더욱더 높은 곳으로 오르려 하는 이유는 지금처럼 연신 아빠를 부르며 재잘거리는 아들을 계속해서 행복하게 해 주고 싶어서 그런 것이었는데, 나 혼자만 앞서 나가려고 했다는 것을 깨달았다. 지금 아들은 손만 뻗으면 잡을 수 있는데 나만 혼자 점점 위로 올라가 버린다면 원하는 높은 곳에 올라가 봤자 결국 혼자 있겠구나, 어쩌면 지금 내가 하는 필사의 노력이 내가 원하는 것이지 사랑하는 주변 사람이나 가족들이 원하는 것이 아닐 수도 있겠구나 하는 생각을 했다. 그도 그럴 것이, 오늘만 해도 이렇게 행복하게 아들과 보내고 있는 시간이 언제였는지 기억이 나지 않는다. 장난감을 사 주거나 과자, 자장면을 시켜 줄 때보다 더 행복해하는 모습을 보고 나니 잊고 있던 소중한 무언가를 찾은 것 같았다.

항상 위만 바라보고 위로 올라가려 발버둥 쳤던 삶이 왠지 허무하게까지 느껴졌다. 물론 위로 올라가는 것은 멈추지 않을 것이다. 하지만 혼자 올라가려 애쓰는 것보다 가족과 함께 손을 잡고 올라가야겠다는 생각을 하게 되었다. 리더는 외롭다고 했다. 하지만 어쩌면 리더 스스로 혼자만 위로 향했기 때문에 아래에 있는 사람들과 멀어져 외로운 것일 수도 있다. 오랜만에 아들과 함께하면서 힘들 때 옆에 있어 줄 수 있는 소중한 사람들과의 시간을 되돌아보게 되었다.

코치에게 아들과의 첫 등산 이후로 변화가 생겼다. 가족과 함께하는 시간이 늘어났다는 것이다. 정확히 말하자면 예전에는 왠지 일이 있으면 다음 날 해도 될 일들까지 모두 마치고 나야 직성이 풀렸다. 일을 만들어 가며 하는 스타일이라 그런지 계속해서 일이 늘어났다. 또한, 작은 것 하나까지 모두 확인하고 간섭했다면 이후 스타일을 바꿔서 일하기 시작했다. 내일 해도 될 일과 오늘 꼭 해야 할 일을 나누고, 내가 꼭 확인해야 하는 일과 확인하지 않아도 될 일들을 나누며, 하루 한 번 그리고 매일 오전 회의와 미팅 메일 확인 등 시간을 정해 놓고 일을 하다 보니 업무량은 비슷하지만 일의 능률이 올라 결국 가족과 함께하는 시간을 확보하게 되었다. 그리고 나에게 우선순위를 정해 일과 가족과 관련된 시간을 분리하다 보니 예전보다 많은 가족과의 시간을 확보하게 되었다.

아!! 마지막으로 아들과 첫 등산에서 빼놓을 수 없는 기억이 있다. 등산을 마치고 평지에 터벅터벅 발을 내딛는데, 아들의 한마디. "아빠, 다리가 부들부들해요!" 몇 년이 지난 지금도 그 상황과 표정과 몸짓이 기억에 남는다. 행복했던 순간과 추억이 지금의 코치를 만들어 주었고, 현재를 지탱하게 하는 힘이 된다.

이번 장에서 코치는 여러분에게 말해 주고 싶었던 것은, 최선을 다하고 목표를 향해 나아가는 것은 바람직한 일이나, 자칫 내 앞에 그리고 바로 아래 지금 잡을 수 있는 소중한 무언가를 놓치고 무작정 달리는 것은 경계해야 한다는 것이다. 그것이 가족이 되었던 사랑하는 여자친구나 남자친구가 되었든 간에 '나중에'는 없다. 나중에는 이미 손이 닿지 않는 곳에서 허공만 휘저을 뿐이다.

08
본인의 마음과 태도를 항상 유지하라
본인을 잃지 말라

심리학에서 '자아'라는 단어가 있다. 그리고 심리학에서 빼놓을 수 없는 프로이트의 정신분석이론은 무의식 과정을 분석하는 데 초점을 두는 학문이다. 프로이트는 무의식의 심적 기능에 대응하여 억압 또는 방어 작용을 하는 자아의 존재를 인정하면서도 한편으로 자아는 원초아, 초자아, 외부 세계로부터 침범을 당하는 또는 그것에 의존하는 무력한 요소로 파악하고 있다.

갑자기 코치가 심리학에 관해 이야기하는 이유는 부자와 성공한 사람들은 대부분 심리학에 일가견이 있다. 또한 인간의 생각과 행동 모든 상황에서 심리학은 관련되어 있다. 사업을 할 때 반드시 필요한 마케팅과 세일즈라는 것은 어떻게 하면 구매 욕구를 자극하여 이것을 사게 만들 것인지를 연구하는 분야이다. 즉, 상대방의 마음을 얻는 방법에 정통해야 한다. 부와 성공이란, 사람들의 심리를 잘 파악하고 본인의 마음을 잘 다스리는 사람에게 주어지는 것이라 할 수 있다. 코치가 자아, 원초아, 초자아 이런 단어를 사용하며 이야기하지는 않을 것이다. 다만 이런 분야의 학문도 여러분이 지금부터 조금씩 관심을 갖고 공부해야 하는 한 분야이기 때문에 언급했다.

심리학 중 여러 가지 분야에서 자아에 대해 이야기를 했던 이유는 본인 자신을 잘 다스릴 수 있는 사람이 되어야 하기 때문이다. '다중인격'이라는 말을 들어보았을 것이다. 한 사람의 육체에 각기 다른 두 개 이상의 인격이 존재하여 결국, 정체성 결여 문제로 자신이 누구인가에 대해 혼란스러워하는 것을 뜻한다. 코치는 우리 모두에게 최소 두 명 이상의 인격이 존재한다고 생각한다. 다중인격장애를 겪을 정도로 정체성의 혼란이 오는 경지까지 말하는 것은 아니며, 나 혼자가 아닌 내 안에 다른 인격이 존재한다고 생각한다.

쉬운 예로, 여러분의 눈앞에 5만 원짜리 지폐가 놓여 있다. 그때 순간 많은 생각을 할 것이다. 그리고 이러한 장면은 드라마나 영화에서 자주 등장한다. 한쪽 편에서는 천사가 튀어나와 떨어져 있는 5만 원을 경찰서에 가져다주거나 주인을 찾아 주라고 설득하고, 다른 한쪽에서는 악마가 튀어나와 아무도 보지 않았고 주인도 모를 것이니 그냥 가져가자고 유혹하는 이런 장면. 분명 여러분도 한 번쯤은 이런 비슷한 경험을 해 보았을 것이고 둘 중에 하나를 선택을 했을 것이다. 그 선택의 옳고 그름을 이야기하는 것이 아니다. 이렇게 우리 실생활에서도 순간순간 이런 내 안의 다른 생각을 하는 각기 다른 존재가 있다는 것을 인지하면 된다. 본인의 마음을 잘 다스리고, 본인이 주체가 되어야 한다. 의식과 무의식이란 단어도 들어보았을 것이다. '의식'은 내가 의도를 가지고 행하는 것이고, '무의식'은 본인도 모르는 사이에 행동하게 되는 것인데, 무의식은 또 다른 본인의 내면 안에 있는 인격이라 생각하면 좀 더 이해하기 쉬울 것 같다. 각종 정신적인 문제는 본인의 자아와 의식이 약해져 나타나는 증상이라 생각해도 된다. 쾌락만을 추구하고 약물이나 도박 등에 빠져 헤어나지 못하는 것 또한 본인의 의식이 약해져서이다. 물론 이 밖에 여러 가지 문제들에 의해 생긴 결과일 수 있지만, 코치는 결국에 본인 스스로 마음을 다스리지 못해 이러한 문제가 생긴 것으로 생각한다. 그렇다면 어떻게 해야 할까? 이런 정신적인 문제와 각종 쾌락과 즐거움만을 추구하는 것을 피하고 본인이 주체가 되기 위해서는 몸과 마음의 태도를 항상 돌볼 필요가 있다. 대부분 꿈과 목표가 있는 사람들은 그럴 리 없겠지만 몸의 컨디션이 좋지 않으면 약간의 휴식이 필요하듯, 본인의 마음 또한 힘들면 휴식을 취해 주어야 한다. 부정적인 생각을 거부하고, 긍정적이고 낙천적인 생각을 하며 미래의 기쁨과 영광을 마음속에 간직하고 그것을 깊이 있게 관철시키는 것으로 마음과 태도를 굳건히 할 수 있다. 아래에 코치의 몇 가지 팁을 참고해 보길 바라다.

첫째, 하루 10분 정도 명상을 한다.
둘째, 자신의 목표를 눈에 보이는 곳에 적어 둔다.
셋째, 본인이 추구하는 것을 글로 적거나 말한다.

결국에 의식적으로 항상 본인이 자신의 몸의 '주인'이 될 수 있도록,

마음을 수련하는 것으로서 자신의 주인이 될 수 있다. 여러분이 생각하는 목표에 도달하고 이루기 위해서 꼭 필요한 부분이다. 여러분의 몸과 마음이 온전히 본인의 의식과 의지에 의해 삶을 살고 있는지 혹은 자신도 모르는 사이에 무언가에 현혹되어 쾌락과 즐거움만을 추구하고 있는지 생각해 보고, 이후 만약 여러분 스스로 이성을 컨트롤할 수 없는 상태가 찾아올지라도 코치가 알려 준 위의 세 가지 방법을 통해 스스로를 지킬 수 있도록 실천해 보자.

09
어른이 되자

 코치가 스무 살 되던 해에 성인이 되어 고민한 단어가 있다. 바로 '어른'이란 단어다. 스무 살이 되었다는 건 법적으로 성인이 되어 이제 어른이 된 것인데, 어른이라는 건 무엇일까? 누구나 다 어른이 되는 것은 아닌 것 같았다. 이 글을 읽고 있는 대부분의 사람은 20세 이상의 성인일 것이다. 코치가 생각하는 어른이 된다는 것은 본인의 이름으로 사회에 긍정적인 영향력을 줄 수 있게 되는 것이라 생각한다. 아이들은 그런 긍정적인 어른들을 보며 자라야 하고, 그러한 어른들이 많으면 많을수록 사회는 건강해질 것이다. 코치가 말한 성공한 사람이 되려면 먼저, 어른이 되어야 한다. 여러분의 말과 행동이 주변 사람들에게 영향력을 일으켜 점차 발전을 불러와야 한다. 어른이 되기 위해서는 수많은 경험과 실패를 이겨 내야 한다. 그러기 위해 계속해서 다시 시작해야 한다. 인간은 혼자서는 살아갈 수 없는 존재이다. 그래서 사회를 만들고 가족을 이루며 서로 도우며 살아간다. 인간관계만 보더라도 가끔은 친구들과 다투기와 화해를 반복하며 친밀함을 점차 높여 간다. 이렇게 사람은 실패와 성공을 반복하며 성장한다.

그리고 본인뿐만이 아닌 주변 사람들에게 긍정적인 영향력을 끼칠 정도의 사람이 결국 '어른'이다. 어른이 된다는 것은 본인이 책임질 수 있는 결정권이 있다는 의미이다. 그렇기에 본인의 선택에 대해 후회하거나 절망하지 않고 무엇이 나와 우리 사회에 긍정적인 선택인지 생각하며 행동해야 한다는 것을 잊지 않아야 한다.

코치가 처음 어른이라고 생각했던 분이 있다. 코치가 학창 시절 배움을 받았던 선생님으로, 당시 선생님의 나이는 20대 후반이었다. 지금 돌이켜 생각해 봐도 선생님은 20대 후반이라는 젊은 나이셨는데도 항상 도전적이며 긍정적이고, 학생들을 보듬어 줄 수 있는 넓은 마음을 갖고 계셨다. 코치 나이 열여덟 살에 아버지가 돌아가셨다. 힘들고 괴롭고 이제 무엇을 어떻게 하면 좋을지 아무런 생각을 못 하고 있을 때, 선생님은 위로보다는 더 큰 미래를 꿈꿀 수 있는 희망을 선물해 주셨다. 어쩌면 선생님의 그 말을 계기로 부자가 되는 것과 성공하는 것에 대해 진지하게 고민하고 전진할 수 있었는지 모르겠다. 가끔 제자들이 물어보곤 한다. 코치님은 언제부터 부자와 성공에 대해 생각해 보기 시작했는지 그리고 계기는 무엇이었는지. 솔직히 잘 기억이 나지 않는다. 중학생 때부터 막연하게 부자가 되고 싶다는 생각은 했었다. 그리고 또래 아이들과 같이 마냥 친구들과 어울리고 게임 하기 바쁜 학생이었다. 다만 열여덟 살이었던 코치에게 아버지께서 돌아가시는 큰 사건이 생기며 구체적으로 생각하며 달라지기 시작했던 것 같다.

보통의 대부분은 힘들어하는 코치를 보며 위로의 말을 건넸다. 하지만 당시 코치에게는 하나도 와닿지 않았다. 진심이든 아니든 상관없이 사람들의 말은 위로가 되지 않았다. 하지만 선생님은 달랐다. 말없이 10분쯤 기다려 주었다. 신기한 건 아무런 말도 없었는데 코치의 마음이 조금 풀린 것 같은 기분이 들면서 먹먹히 눈물이 흘렀다. 눈물을 닦을 휴지를 건네받고 선생님은 말을 이어 나갔다. 사람은 누구나 힘든 순간이 오는 때가 있다며 그때 사람은 많은 변화가 일어난다고 했다. 그리고 나보다 더 힘든 사람은 어머니일 것이며 1년 뒤, 5년 뒤, 10년 뒤를 상상하게 하셨다. 지금처럼 아무것도 하지 않고 시간을 보낸다면 1년 뒤에도 아무것도 달라지지 않으며 5년 뒤, 10년 뒤 어떤 삶을 살게 될지 생각해 보게 했다. 그리고 꿈에 대해 말했다. 지금부터 10년 뒤 코치가 어떤 삶을 살고 싶은지 어떤 사람이 되고 싶은지에 대해 이야기하며, 결국 지금부터 시작하면 될 수 있다는 희망을 주셨다. 30분 정도 그 짧은 시간에 코치는 많은 것을 얻었고 그때부터 이전과는 다른 '나'가 되리라 다짐했다. 그리고 코치는 생각했다. 이 선생님은 진정한 '어른'이구나.

코치 주변에도 나이는 많지만, 어른이라고 생각되는 사람은 드물다. 어른이라는 말로 표현할 수 있는 사람이 손에 꼽힌다. 여러분 주변에는 어른이라 할 수 있는 분들이 있는가? 없다면 왜 그런 어른들이 주변에 없는지도 생각해 봐야 한다. "그 사람을 알려면 그 주변 사람을 보라."라는 말이 있듯, 여러분이 자신을 어른스럽게 한다면 주변 사람들 또한 달라질 것이리라 생각한다. 그리고 어른이 되어 긍정적인 영향력을 주는 사람이 된다면 자연스럽게 그런 사람들이 여러분 주위에 늘어나게 될 것이다. 코치가 생각하는 '어른의 정의'를 그대로 받아들이지 않아도 된다. 스스로 어른의 기준을 정립하고, 그런 사람이 되려고 노력하자. 성공한 사람이 되기 위한 필수 요소이다.

10
다시 시작해라

코치의 10~20대는 많은 실패와 성공의 연속이었다. 코치가 부자가 되고 싶다는 생각을 하고 난 뒤 무엇부터 어떻게 해야 할지 몰랐다. 학생 신분이었으므로 학교생활에 충실하고 주어진 학교 공부를 더 잘해야겠다는 생각밖에 없었다. 다만 문제는 코치는 공부에 재능이 없었다. 고백하자면 공부하는 방법을 알지 못했다. 공부도 습관이 있어야 잘할 수 있는 것인데, 당시에는 공부하는 방법을 알지 못했다. 학창 시절 반에서 중간 정도 가는 평범한 학생이었고, 운동 신경도 좋지 못했으며 음악이나 미술 쪽에도 재능이 없었다. 키도 크지 않고 외모도 월등히 뛰어나지 못했으며 내성적인 학생이었다. 하지만 뭐든 할 수밖에 없었다. 그래서 코치가 가진 것 중에 제일 잘할 수 있는 것에 몰두하기로 했다. 잘 못 하는 것은 포기하고 잘하는 것 하나에 집중했다.

코치는 학창 시절 시나 수필을 쓰는 대회에 학교 대표로 참가하곤 했는데 코치는 문학 과목에 집중했었다. 다른 과목은 중간 또는 하위권이었지만 항상 문학은 최고 성적이었다. 그리고 학교 대표로 시나 수필을 쓰는 대회에 나가기도 했었다. 이런 경험 때문에 조금씩 어떤 사실을 깨닫게 되었다. 하나는 사람에게는 각기 다른 재능이 있다는 것이고, 다른 하나는 그 재능 하나에 집중하면 다른 부족한 것들을 감추거나 채울 수 있다는 것이었다. 그 사실을 깨닫고 나서 대회에서 입상하지 않더라도 학교 대표가 되었다는 자신감이 들었다. 도전과 실패를 반복하면서 목표를 향해 성장해 나갈 수 있는 계기가 되었으며, 나도 무언가를 잘하는 사람이라는 것을 느끼며 자존감을 키울 수 있었다.

성인이 되고 코치가 CEO로서 회사를 운영할 때도 많은 실패와 성공의 반복이었다. 직영 매장을 오픈했는데 직영 매장이 잘 안돼서 폐점한 적도 있었고, 회사가 잘 안된다고 생각했을 때는 관련되지 않은 새로운 아이템으로 사업을 벌였다가 호기롭게 시작한 새로운 사업에서 많은 손해를 보고 실패하기도 했었다. 그럴 때마다 코치는 손 놓고 있지 않았다. 사업의 실패 원인을 분석하고 다시는 이런 일이 생기지 않도록 마음먹으며 당시 운영하던 본 사업을 통해 항상 실패했던 것들을 만회했다. 그리고 신기하게도 본래 사업은 나에게 다시 재기의 기회를 만들어 주었다. 스물둘에서 스물여덟 살까지의 삶을 다시 살아 보라고 한다면 아마 못 할 것 같다. 365일 중 명절과 특별한 날을 제외하고 매일 일의 반복이었다. 코치와 가장 친한 몇 명의 친구들은 아직도 코치에게 이런 말을 한다. "너는 바쁘잖아." 연락 한번 없는 친구들은 가끔 코치가 전화해서 "연락 한번이 없냐?"라는 말을 하면 위와 같이 말한다.

매일매일 도전과 실패와 성공의 연속에서 결국 코치가 서른 살까지 목표로 했던 것들을 2년 빠른 스물여덟이라는 나이에 이뤄 냈다. 만약 중간에 힘들어서 포기했다면 그리고 아무것도 잘하는 것이 없다는 핑계로 그냥 시간만 흘려보냈다면 아무것도 변화되지 않을 것이고, 점점 뒤처지기만 했을 것이다. 실패할 것이 두려워 아무것도 하지 않으면 아무것도 달라지지 않는다. 내가 생각하는 목표를 정해 두고 그것에 도달할 때까지 계속해서 도전하고 실행하고 실패하다 보면 조금씩이지만 성장하고 나아가고 있을 것이다. 사람은 계단식으로 성장한다. 아무런 변화가 없는 것처럼 보이지만 어느 순간 크게 성장하는 순간이 온다. 그것을 맛본 사람은 설령 실패한다고 해서 물러서거나 주저앉지 않는다. 계속해서 도전한다.

여러분의 목표 지점에 오늘도 1cm 앞으로 나아가기 위해 지금 뭐든 시작해라.

에필로그

코로나 19로 인해 많은 사람이 힘들어한다. 2020년 3월부터 2022년 1월 현재까지도 확실한 치료제가 나오지 않았다. 전 세계적으로 백신의 접종률이 높은 우리나라도 매일 같이 수천 명씩 코로나 확진자가 나오고 있다. 그에 따라 서민들의 삶이 점차 힘들어지며 자유가 줄어드는 것 같다. 우선 '마스크'를 벗지 못하는 삶을 계속해서 살아야 하고, 이제는 백신을 접종받지 않으면 마음대로 공공장소에 갈 수 없는 등 여러 가지 페널티를 받는다. 우리가 모두 이번 바이러스 사태를 통해 알게 되었다. 당연시되었던 일상생활에서의 자유라는 것이 얼마나 행복하고 값비싼 것이었는지. 누군가는 순응할 것이고 누군가는 부정할 것이며, 누군가는 다시 이런 상황이 오지 않도록 혹여 다시 이런 상황이 온다고 하더라도 본인의 자유를 추구하기 위해 새롭게 변할 준비를 할 것이다.

약 10년에 한 번 정도 오는 위기가 찾아오는 것 같은데 그때마다 우리는 자유를 역압당한다. 먹고 싶거나 사고 싶은 것을 살 수 있는 자유는 돈이 없어서, 일하고 싶을 때 일할 수 있는 자유는 침체한 경제 상황이나 회사의 부도 등으로, 자유롭게 외부 활동을 하고 사람들을 만날 자유는 이번 사태와 같은 바이러스 시국 등을 이유로 그때마다 참고 견뎌내기 바쁘다. 바이러스 사태를 제외한 경제적인 위기는 여러분이 지금부터 준비한다면 충분히 자유를 억압받지 않을 수 있다. 그것은 충분한 돈의 양과 일할 수 있는 회사가 없어지더라도 사람들이 여러분을 찾게 만드는 전문가로서의 능력을 키운다면 가능한 일이다. 코치도 이번 코로나 사태를 겪으며 새롭게 바뀌게 되었다. 나 혼자만의 이윤을 추구하는 사업을 운영하기보다는 많은 사람이 겪고 있는 힘든 상황을 다시는 맛보게 하고 싶지 않은 마음이 앞섰다. 그래서 이렇게 책을 집필하고 있다. 경기가 좋을 때는 모두가 불행한 일이 없다. 경제적으로 부족함이 없으며, 조금만 아이디어를 내 보면 이윤을 추구할 수 있는 일들이 엄청 많다. 하지만 경기가 좋지 않고, 이번 코로나 사태처럼 우리에게는 생소한 일들이 벌어진다면, 대처하기도 전에 상황이 나쁘게 변화되어 있다. 미처 준비할 틈이 없어지는 것이다. 앞으로는 우리가 모두 미리 준비되어 있어야 한다. 바이러스 사태이던 경제 공황이던 본인과 가족들이 안도하며 살아갈 수 있는 방패를 만들어 놓아야 한다. 요즘 서점이나 유튜브를 켜면 다양한 분야의 전문가들이 나와 우리에게 많은 정보를 준다. 그리고 서점에는 부동산, 주식, 비트코인 등 다양한 분야의 책들이 쏟아져 나오고 있다. 그중에서 여러분은 선택해야 한다. 이것도 좋고, 저것도 좋은 것은 없다. 처음에는 하나에 집중해야 한다. 여러분에게 최우선으로 이뤄야 하는 목표가 '집'이라면 집을 구매하거나 전세를 잘 얻는 방법에 집중하여야 하고, 주식을 통해 수익을 내는 것이 목적이라면 어떤 주식이 어떻게 성장할 수 있는지 집중해서 공부해야 한다. 코치도 위에서도 '올바른 방법 하나에 집중'하라고 했다. 자신만의 올바른 방법이란 본인만이 안다. 사람마다 각자 본인과 잘 맞는 재테크 수단이 있으며 어떤 것이 제일 좋은 방법이란 없는 것이다. 모든 방법에는 장단점이 존재하기 때문에 본인과 맞는 방법을 찾아 한 가지 방법에 몰두하는 것을 추천한다. 코치도 결국엔 코치의 성향과 잘 맞는 방법을 찾아 위에 나열한 것에 불과하다. 위의 방법이 여러분에게 최고의 방법이라고는 볼 수 없다. 하지만 코치 스스로 이것저것 해 본 결과 마음 편하게 계속해서 '부와 성공'을 향해 나가는 방법이었다. 누군가 어떤 방식으로 성과를 냈다고 하면 한 번쯤 따라 해 볼 가치는 충분하리라 생각한다. 왜냐하면, 본인만의 성공 방식을 찾아내는 것은 훨씬 어렵고 시행착오의 쓴맛을 보아야 하며 리스크가 존재하기 때문이다. 여러분은 그냥 시도해 보고 본인과 맞는지 맞지 않는지만 테스트해 보면 되는 것이다. 큰 리스크를 감당하지 않아도 되고, 무엇보다 이러한 방법으로 누군가는 목표에 도달했기 때문에 신뢰할 만하다.

각설하고 이번 책에서 여러분에게 중요하다고 생각하는 여러 가지 부분들을 짧게 소개했다. 하나하나의 목차들은 강연에 나가 이야기해도 좋은 소재가 될 만큼 사실은 깊이 있는 목차들이다. 최대한 짧고 간략하게 이해가 되도록 노력하였으나, 부족한 부분이 있다면 여러분이 좀 더 찾아 보완해서 본인의 것으로 만들어 나가길 바란다. 누군가에게는 이 책이 그냥 읽고 지나치는 책이 될 수도 있고, 누군가에게는 계속해서 기억에 남는 책이 될 수 있다. 코치는 후자가 되길 바란다. 내용이 너무 좋아 기억에 남는 것이 아니라 여러분에게 새롭게 변화되는 계기가 되어준 책으로 기억에 남았으면 좋겠다.

이제 곧 초등학생이 될 우리 첫째 아들 수현이와 6살이 된 둘째 수호에게 이 책이 10년 뒤에도 진리로 남아 도움이 되길 바라며, 코치의 모든 제자와 이 책을 읽고 있는 여러분 모두 본인이 진정으로 원하는 행복한 삶을 이루기를 항상 응원하겠다.

자신이 성공하는 내면의 그림을 마음속에 명확히
그리고 지울 수 없게 각인시켜라.
이 그림을 끈질기게 간직하라.
절대 희미해지도록 내버려 두지 마라.
그대의 마음이 이 그림을 실현하기 위해 노력할 것이다.
당신의 상상 속에 어떠한 장애물도 두지 마라.

- 노먼 빈센트 필

Butterfly
버터플라이

1판 1쇄 발행 2022년 3월 11일

지은이 황성원

교정 윤혜원
편집 유별리

마케팅 박가영
총괄 신선미

펴낸곳 하움출판사
펴낸이 문현광

이메일 haum1000@naver.com   **홈페이지** haum.kr
블로그 blog.naver.com/haum1000   **인스타그램** @haum1007

ISBN 979-11-6440-945-7 (03320)

좋은 책을 만들겠습니다.
하움출판사는 독자 여러분의 의견에 항상 귀 기울이고 있습니다.